cabeça de homem

cabeça de homem

Um manual de fábrica para entender o que se passa na mente masculina em relação a mulheres, amor, família e sexo

leo jaime

AGIR

Copyright © 2014 por Leo Jaime

Direitos de edição da obra em língua portuguesa no Brasil adquiridos pela AGIR, selo da EDITORA NOVA FRONTEIRA PARTICIPAÇÕES S.A. Todos os direitos reservados. Nenhuma parte desta obra pode ser apropriada e estocada em sistema de banco de dados ou processo similar, em qualquer forma ou meio, seja eletrônico, de fotocópia, gravação etc., sem a permissão do detentor do copirraite.

EDITORA NOVA FRONTEIRA PARTICIPAÇÕES S.A.
Rua Nova Jerusalém, 345 – Bonsucesso – 21042-235
Rio de Janeiro – RJ – Brasil
Tel.: (21) 3882-8200 – Fax: (21) 3882-8212/8313

CIP-Brasil. Catalogação na Publicação
Sindicato Nacional dos Editores de Livros, RJ

J25c   Jaime, Leo
            Cabeça de homem : Um manual de fábrica para entender o que se passa na mente masculina em relação a mulheres, amor, família e sexo / Leo Jaime. – 1. ed. – Rio de Janeiro: Agir, 2014.

            ISBN 978.85.220.1557-3

            1. Homens - Psicologia. 2. Relações homem-mulher. 3. Sexo – Diferenças (Psicologia). I. Título.

14-14986   CDD: 306.7
                                        CDU: 392.6

Para Sonia Biondo, que inventou que eu escrevia.

Sumário

Parte um
Educação sentimental

1. Homem que é homem não precisa de mulher   11
2. O ocaso do macho genérico   18
3. Você não é espetacular nem precisa ser   27
4. O grande homem   35
5. Arrastando correntes   44
6. Antes só do que mal-acompanhado   50
7. O sexo pago, este sobrevivente   55
8. Pornografia de salto alto e afins   60
9. Figurinha repetida não completa álbum   69
10. Aprendendo a dizer e a ouvir "não"   76

Parte dois
Por que as mulheres querem ser o que os homens não querem comer?

11. Homem não repara em estria, culote e celulite   81
12. Mais beleza não significa melhores orgasmos   87
13. As mulheres mais jovens podem até ser mais gatas, mas não são boas de cama   95
14. O buraco é mais embaixo   100

Parte três
Você tem dedo podre?

15. Tem, mas acabou. Onde estão os homens?   109
16. Nenhum homem presta. Só tem mulher maluca. As queixas que todo mundo faz   116
17. As eternas insatisfeitas   122
18. O vício em gente difícil. O cafajeste e a complicada   126
19. Que tipo de homem você atrai?   130
20. Que tipo de chata você é?   136
21. Onze motivos para o sumiço dos homens   143
22. O amor "cavalo de pau": esse pessoal que quer, mas não quer   151
23. Gente ruim não deveria acasalar ou se reproduzir   154
24. A regra da carteira assinada   159

Parte quatro
O casamento é o túmulo do sexo?

25. O que a gente não faz por amor   167
26. Quando um quer dormir e o outro quer dançar   171
27. A grandeza das pequenas coisas e a pequenez que nos rouba a cor dos dias   177
28. Sinceridade não é sincericídio   180
29. Quando o pestinha entra em cena   188
30. Qual é a graça de ser o chato da relação?   195

O fim   199

Agradecimentos   207

Parte um
Educação sentimental

Capítulo 1
Homem que é homem não precisa de mulher

Precisar, não precisa. Não é o ar que ele respira ou um horizonte na vida. A mulher pode ser um desejo, um sonho até, mas não precisa ser uma necessidade do homem. Nem deve.

Esse talvez seja o ponto que separa o homem do menino. Quando ainda está em seu período de formação, o menino precisa da mãe, precisa da professora, é dependente. Mas para se tornar independente precisa andar com as próprias pernas cabeludas para onde quiser, saber se virar e, sobretudo, se divertir na vida.

Desejando a companhia de mulheres, sempre! O que é um pouco diferente.

Desejar não é necessitar. Inspirar-se, tendo como musa uma mulher, também não é vício e não faz mal nenhum para o bem-estar emocional. Pelo contrário! Achar que sem ela não pode ser, por não saber ou não conseguir viver, é outra coisa. Mulheres, amores, não são muletas ou balões de oxigênio, são pessoas que têm vida própria, assim como cada homem deve ter a sua. Independência ou morte!

Aliás, é importante que se estabeleça o quanto antes este ponto: o homem não procura uma companhia porque a vida dele está um horror e ele "precisa" de um apoio, mas porque a vida está boa, ele é feliz e quer alguém com quem compartilhar isso! Alguém com quem celebrar a alegria de viver.

Se o camarada procura uma mulher como quem vai ao médico ou chama os bombeiros, já entra devendo. E estabelece uma relação estranha. Afinal, se ele não sabe tocar a própria vida de modo satisfatório e acha que ter alguém ao lado vai ser a solução, deixará essa pessoa ter uma vida? Ou ela terá que ficar eternamente à sua disposição?

Resumindo: o cara que precisa de uma mãe não é adulto ainda. Talvez ainda não seja hora de assumir muitos compromissos. Melhor aguardar até ficar no ponto.

O amor exige preparo, dedicação, estudo e prática.

Vontade de potência

Existe uma diferença entre desejar e ter vontade. Vejo homens que têm como meta se deitarem com todas as mulheres do mundo. Parece um ideal, uma causa, uma missão. Eles buzinam para as moças que passam, distraídas, ao largo. Gritam de cima de andaimes de obras, assobiam das janelas dos prédios às passantes. Parece desespero, mas não é. Talvez seja um hábito, aprendido com os ancestrais e repetido sem muita reflexão.

O curioso é que nem sempre a cantada é para uma moça bonita. Às vezes o homem paquera a que de longe parece uma beldade. Ou se inebria com um belo caminhar. Ou apenas percebe a mulher que passa como um vendedor diante de uma cliente. Sim, nós homens temos alma de feirantes e estamos eternamente querendo vender o nosso peixe para a moça bonita que "não paga mas também não leva", para a madame, para a novinha, para a anônima que, por estar sozinha, seguindo sua vida, supomos merecer nosso incentivo, aprovação ou, vá lá, uma fração da nossa atenção. E nos oferecemos. Eu sei, é bobo, mas é frequente, e geralmente motivo de indignação. O que é pior!

A mulher pode se sentir incomodada com essa ostensiva e impessoal demonstração de interesse masculino. Há, no entanto, um quê de generosidade estapafúrdia no ato, quando não é ofensivo. A cantada a esmo é, para quem a pratica, uma secreta vontade de alimentar a autoestima alheia e fazer o bem sem olhar a quem. Homens acreditam que fazer um gracejo ou sorrir para a moça que amanheceu nublada pode ser gentil, ainda que bronco. Claro que do ponto de vista deles!

Não estou defendendo essa compulsão por, falsamente, demonstrar desejo por todas as mulheres do mundo a qualquer hora do dia e em qualquer situação. Há que se diferenciar isso do elogio cortês, apropriado, a quem irá recebê-lo com um sorriso e agradecer. Gentileza e elogios, sim, podem ser vistos como simples generosidade. Somos uma espécie pouco evoluída no trato com o sexo oposto. É o que demonstramos nas ruas.

É fácil deter o engraçadinho da paquera compulsiva. É só parar e chamar às falas. O cidadão que faz "fiu-fiu" para a transeunte, esbanjando seu desejo infinito, não está preparado para outro resultado que não o simples desinteresse da moça. Se ela para e o chama para uma conversinha, ele murcha e perde o rumo. Claro que não recomendo isso! Ninguém sabe qual pode ser o resultado ao se confrontar o desrespeitoso. Até porque duvido que a mulher de fato queira pagar para ver. Ela quer é fugir da situação. Melhor seria ensinar aos amigos e aos meninos da família que não devem fazer com as moças na rua nada que não gostariam que fizessem com as irmãs ou a mãe deles. Fica a dica.

É evidente que mulheres se arrumam, se cuidam, se enfeitam e esperam reconhecimento. Elogios educados, feitos na hora e do jeito certo, ou pela pessoa certa, podem ser uma boa maneira de aproximação. Demonstrar atenção e simpatia a quem não se sentirá ofendida, assediada ou ameaçada por isso pode e deve ser feito. Para todas as pessoas, a bem dizer.

Diferenciar elogio desinteressado de cantada barata não exige mais do que discernimento. Assim como diferenciar o que é desejo do que é vontade. Isso porque desejo é uma coisa, vontade é outra. Ainda que homens gostem de manifestar o seu desejo às massas, a vontade deles nem sempre é tão grande quanto costumam propagar. Essa manifestação é um blefe. Já passou da hora de mudar de comportamento e rever tal conceito. Homem fácil é homem burro.

Sobre mulheres e carros

A mulher precisa saber que existe uma diferença enorme entre o que o homem parece desejar e o que de fato o deixa satisfeito. Ele parece desejar todas as mulheres do mundo, ou boa parte delas, mas ficará feliz com uma só. Aquela a quem pode amar perdidamente, mesmo que esteja longe de se parecer com seu ideal. Homens, por exemplo, costumam adorar carros esportivos. O camarada pode ter uma coleção de miniaturas, ler tudo sobre os bólidos, saber de cor seus detalhes técnicos e, ainda assim, lavará o seu carro popular no sábado achando-o incrível.

O amante de carros pode passar a vida inteira admirando-os, acordando de madrugada para ver corridas do outro lado do mundo, filiando-se a fã-clubes (uma vez, um amigo me disse que achou na internet um site chamado "amigos do Monza") e viver feliz a sua paixão sem jamais entrar num desses carros. Essa paixão não é, na maior parte das vezes, uma meta. É apenas uma obsessiva admiração ao belo, às formas, à potência ou à projeção de poder e felicidade que aquilo emana.

Homem nenhum se sentirá frustrado na vida porque não teve um carro conversível de um milhão de dólares. Assim como pode ser perfeitamente feliz com sua patroa ainda que espalhe aos quatro ventos que mulher mesmo é a da capa da revista ou a vizinha do 702.

Pode parecer estapafúrdia esta analogia de carros e anônimas, mas há, no fundo, um ponto em que as coisas se encontram. A ideia do carrão está associada à companhia da gostosona. Sim, os carrões, independente de quem os dirige, costumam ter mulheres vistosas dentro. Quem procura um símbolo de poder adora desfilar troféus, o que é compreensível. O homem comum olha, acha bonito, admira, mas não morre de inveja. No fundo ele sabe que a fantasia de James Bond não lhe cairia bem. A cena pode ser bacana, mas é irreal e, por isso, insatisfatória. Dá preguiça.

Afinal, nem sempre o que é bonito de ver é bom de lidar. A mulher e o carro de manutenção alta podem ser admiráveis, desejáveis, mas não são necessariamente algo para se dedicar tempo ou suor. Passou na rua, nas telas, ganha um elogio e foi. A vida fica mais interessante quando queremos vestir as roupas e os sonhos que nos servem.

Tudo bem, ganhar na loteria é um sonho. Mas, até o mais matuto dos homens deve saber que a mulher que gosta dele no estado bruto é a que vai estar com ele em qualquer situação. A que só o nota no dia em que desfila com o carrão provavelmente gosta mais do carro do que dele. E se o camarada não repara nesse detalhe, talvez precise ainda de algumas matérias no longo preparo da educação sentimental, de amigos e, principalmente, de amigas.

Um homem pode ser apenas amigo de uma mulher?

O que pode ajudar, e muito, o homem que quer ter bons relacionamentos com mulheres é saber ser amigo delas.

A primeira coisa que ele se dá conta é de que não é necessário dar em cima de todas as mulheres em volta. Não é uma obrigação! Essa lógica "falou comigo é porque quer dar" é, antes de mais nada, autodepreciativa. O cara que teve muitas irmãs e primas aprende desde cedo que dá para se divertir muito com mulheres sem que o desejo apareça para atrapalhar.

Conselho que daria a um amigo: se você não cantar uma mulher simpática, ela não vai ficar ofendida. A falta da abordagem, do flerte, da insinuação não significará que, aos seus olhos, ela "não dá para comer". Acredite, a mulher só vai ficar chateada com seu desinteresse se, por sua vez, estiver interessada em você. E, pasme, nem todas estão. A maioria não está! Pouquíssimas, na verdade, estão! Não é um alívio? Dar conta da felicidade de uma mulher é tarefa hercúlea, amigo. Agradeça por não ter que cobrir uma faixa tão grande da população. Você não daria conta, mesmo! E para aprender a lidar com a complexidade de uma só, a ajuda de outras mulheres é fundamental.

A amizade entre homens e mulheres é um bem. Para os dois lados. O ambiente sempre fica mais interessante quando é heterogêneo. O Clube do Bolinha é tão enfadonho quanto o da Luluzinha. Mais de dois homens num ambiente sem a presença feminina costuma fazer com que a média de QI baixe de modo preocupante. E tenho a fantasia de que ambientes sem homens sejam menos interessantes para mulheres. Gostaria de incluir aqui a presença de amigos de todas as orientações sexuais. É rico conviver com gente interessante, independente de gênero ou de orientação sexual. É um mundo colorido *versus* o preto e branco tradicional em que mulheres vão para um canto da sala e homens para o outro.

Temos interesses em comum, diferentes visões sobre a vida e não deveria haver assunto proibido. Homens podem ser bons conselheiros para amigas e vice-versa.

Sair acompanhado de um amigo do sexo oposto pode dar a entender que ali há alguma coisa. É comum esse tipo de interpretação. Até quando o pai sai com a filha pode ficar falado, porque alguém pode ver e espalhar que ele trai a mulher com uma menina que "tinha idade para ser filha dele". Idem para a mulher que sai com o filho. Ou para quem tem amigos de outras idades ou orientações sexuais. Como se amigos tivessem que, impreterivelmente, ser do mesmo sexo e ter a mesma idade.

Deixa o povo falar. Se a gente pautar a vida pelo que os outros podem pensar, ninguém brinca carnaval nem sai de férias. Muito menos tem um orgasmo barulhento.

A amizade com mulheres interessantes pode afastar paqueras? Claro que pode! Duvido, porém, que conhecer alguém a céu aberto seja mais eficaz do que a indicação e a chancela de uma boa amiga.

A amizade entre homens e mulheres tem outro elemento fundamental. Romances passam, amigos permanecem. Há algo de profundamente generoso nas amizades. Saber ser amigo é fundamental mesmo nas relações mais intensas e carnais. A amizade é o elemento que pode tornar a paixão durável. É preciso amizade. Rir junto, brincar, curtir o papo e a companhia de alguém de modo relaxante.

O homem precisa saber admirar a mulher, compreendê-la, curtir a companhia dela sem, necessariamente, desejá-la. Ter amigas é algo a se valorizar. Talvez até caiba dizer que ter amigos e amigas seja, isso sim, uma necessidade.

Por uma vida sem padrões

É preciso deixar bem claro que mulher que é mulher também não precisa de homem. Para abrir a água mineral ou matar a barata, um funcionário ou transeunte pode ser solicitado. Acredito que elas podem ser astronautas e professoras de muay thai e, portanto, podem muito bem dar conta das situações acima mencionadas. Vale o que está escrito, para um ou para outro. Maturidade é independência e quem não tem idade ou estrutura emocional para o jogo amoroso que fique treinando nos jardins de infância do amor. Que fique nos prelúdios superficiais e deixe a coisa séria mais para adiante.

Há quem ainda pense que a mulher precisa da validação de um homem para que possa fugir do estigma de mal-amada. Mais ou menos como o homem desempregado ou com poucos horizontes profissionais é visto pelos outros como um fracassado. Da mesma forma a mulher solitária ou que não está empenhada num projeto familiar/amoroso qualquer pode se sentir desvalorizada.

Acredito que a maior parte dos chavões de gênero não esteja muito firme das pernas. Vamos ver muito disso adiante: o questionamento de todos os estereótipos que continuam sendo propagados e tidos como "atávicos" e ancestrais, quando são coisas absolutamente descartáveis. É possível fazer da sua vida algo mais original e criativo do que os clichês ofertados pelo passado.

Desejar alguém não significa ter vontade de dar início a algo. E não se assuste se o desejo do outro — ou da outra — não for exclusivamente voltado para você. Brinque com isso e aponte quando passar alguém que seja "o tipo" de um dos dois. Ou leve para ver o filme do galã ou da beldade, mostrando que o outro tem o direito de sonhar.

Não queira que precisem de você nem vire um fardo na vida do seu parceiro. Viver com alguém pode e deve ser divertido. Para isso é necessário independência e leveza.

Capítulo 2
O ocaso do macho genérico

Os dias estão contados para o macho tradicional. Ainda que se pense em nossos tradicionais machões como um projeto masculino e com vistas ao benefício da categoria, a verdade é que tal projeto mata seus "beneficiados" dez anos antes, segundo as pesquisas. E não garante, necessariamente, uma vida melhor. Não sei se o machismo foi ideia dos homens, mas tenho certeza de que é um horror para as mulheres e péssimo para nós também.

É notável o crescimento da presença feminina tanto no mercado de trabalho quanto nas posições de liderança. No entanto, o homem continua ganhando mais do que a mulher mesmo quando exerce funções iguais e com o mesmo preparo. Um evidente absurdo. No entanto, me parece que há um elemento mais importante que o gênero nessa questão, e isso é uma suposição inteiramente minha, baseada na minha limitada observação. Tenho percebido que os maiores salários estão disponíveis para aqueles que colocam o trabalho na frente de tudo e não hesitam em sacrificar assuntos pessoais e particulares.

Estive uma vez visitando um irmão que fazia MBA na Escola de Administração de Kellogg, um curso muito tradicional e reverenciado de formação de executivos, nos Estados Unidos. Quem estuda lá, em geral, já sai contratado por alguma multinacional. O recrutamento se dá em reuniões com os alunos em que o projeto da empresa é exposto. Elas são bem comuns e pude participar de uma, indo na vaga do meu irmão. Nessa reunião, assim como no curso, o número de homens e mulheres era equivalente. Soube depois que havia uma prática comum nos recrutamentos: as primeiras reuniões eram sempre com gays e lésbicas. A preferência era contratar profissionais que podiam se deslocar de um país para outro sem muito embaraço, com um esquema de vida pessoal mais simples (entenda-se: "sem filhos") e com dedicação ao trabalho potencialmente maior. Entendi que, para o mercado de trabalho, nos dias atuais, as orientações sexuais ou gênero são questões secundárias; a ambição e o comprometimento são mais importantes. Estamos falando, evidentemente, do mundo corporativo tradicional.

A desigualdade de gênero persiste, mas também está com sua morte anunciada. Quando entrei na faculdade, a turma era meio a meio e quando saí eram vinte mulheres para cada homem. As mulheres têm estudado por mais tempo e se preparado melhor para a vida profissional, adiando o sonho da maternidade para quando tiverem estabilidade profissional. Ou seja, até que se sintam seguras para, paralelamente à carreira, tocar uma família.

As mulheres já não apostam no casamento como um pacote de solução financeira, amorosa e de previdência privada. Sabem que sua qualidade de vida e sua segurança econômica estão relacionadas, primordialmente, a seus rumos profissionais. O lugar do homem em suas vidas é outro e não, a priori, o de provedor, líder supremo ou "cabeça do casal", ainda que gostem de estar ao lado de quem admiram ou de quem esteja, ao menos, no mesmo degrau delas no âmbito profissional.

Num mundo em que mulheres ganham posição e espaço a cada dia, parece ingênuo pensar que o sucesso será suficiente para que homens sejam vistos como um bom partido. Outras questões virão à tona. Por exemplo, uma vez que elas alcançam cada vez mais posições superiores na cadeia profissional, será que poderão restringir suas parcerias só aos que estão no mesmo patamar ou acima? Será que esse comportamento não diminui muito as opções delas?

Há uma reviravolta em curso e as posições estão mudando o tempo todo, assim como as verdades absolutas, os hábitos culturais e, até mesmo, as injustiças e desequilíbrios de gênero que herdamos. Quero dizer que o machismo não interessa aos homens nem às mulheres, ainda que seja preservado aqui e acolá pelos mais apegados aos valores tradicionais.

Nós estamos inseguros

Uma das coisas que chamam atenção no novo modelo de homem que circula por aí é sua insegurança. Homens podem sentir e manifestar insegurança. O macho genérico, não. Ele não pede conselho a ninguém. Tem que ser seguro, durão, casca-grossa, agressivo, competitivo e, sobretudo, cerebral. Ser "emocional" ou "sensível" é motivo para, na rodinha de amigos, dar a chance de ser chamado de "florzinha" ou qualquer outra corruptela de gay. E gay, para esse mundinho, é sinônimo de fraco e covarde. Gente ingênua!

Para ele, a vida emocional e sexual dos "fortes" tem que ser resolvida entre quatro paredes e sem nenhuma consulta a manuais, opiniões de sábios, profissionais, literatura ou seja lá o que for. O macho genérico acha que nasceu sabendo. Assim como a mulher genérica também acha que nasceu sabendo como cuidar de crianças e educá-las. Clichês. Ninguém nasce sabendo nada e, por mais que tenha um inegável talento inato, terá que aprender e praticar. E ter vontade e disposição.

Mas os machos engravatados às suas certezas aos poucos vão dando lugar aos profissionais liberais ou caras que tocam um home office e usam bermudas e roupas confortáveis na maior parte do tempo. Acordar cedo, ser o primeiro a chegar e o último a sair do escritório já não são elementos que darão a garantia de uma promoção mais rápida, mas, sim, a visão original e criativa dos problemas e oportunidades do negócio — o que exige conhecimento em mais de uma área específica e também uma noção do que acontece no mundo e na vida das pessoas. Homens e mulheres que se destacaram nos últimos anos o fizeram por estarem atentos ao espírito do tempo e às suas necessidades. Sensibilidade, portanto, vai deixando de ser um defeito para ser um requisito essencial.

Empresas que estimulam a competição entre os funcionários estão dando lugar às que exigem colaboração e espírito de equipe. E o cara truculento e impopular, que gritava com seus subalternos, vai perdendo voz cada vez mais. Esse é o percurso que vem sendo trilhado nos últimos anos, aqui e em qualquer parte do mundo. Outros tempos, outros valores.

Lendo uma notícia sobre a preparação para desfiles de escolas de samba, um negócio complexo e que toma quase o ano todo, soube que mesmo ali, em comunidades de gente simples, as divisões de trabalho já não distinguem mais quem deve fazer o quê. Homens fortes podem trabalhar costurando e mulheres pequenas podem preferir lidar com estruturas de ferro e solda. Nada impede uma mulher de ser profissional de MMA ou astronauta. Nada impede um homem de ser cozinheiro ou babá. Nem mesmo os preconceitos quanto às orientações sexuais, embora ainda sejam obstáculos, impedem alguma coisa. Matar baratas, cuidar da decoração da casa, preparar o jantar, organizar as contas domésticas, tudo está ao alcance e no direito de quem se interessar pela tarefa.

Homens que não sabem cuidar de bebês ou mulheres que não sabem como cuidar de um carro são inabilidades adquiridas, clichês que declaram impotências da vontade e não da capacidade. Cada um tem jeito para coisas diferentes, é claro, mas as definições a priori são tão bobas quanto dizer que homens são, ou devem ser, insensíveis quando há uma literatura milenar de poetas e obras de artistas geniais de todas as áreas a contradizer.

Qual é o lugar do homem? E o da mulher? Temos meninas pegando ondas gigantes e jogando bola em toda parte. Nos Estados Unidos, o nosso futebol é, majoritariamente, um esporte para mulheres. Elas estão nas presidências das repúblicas e de grandes empresas, como tem que ser. O grande erro é achar que homens ou mulheres são bons ou maus por natureza. As oportunidades devem ser para todos; as responsabilidades, idem. Nas guerras veremos mais mulheres, no índice de fatalidades também. Devemos nos preparar para que elas também estejam em número equivalente nos corredores da morte, uma vez que a igualdade provoca mudanças e nem todas serão louváveis. Logo, o número de criminosas deverá aumentar. Dividiremos tudo, não é? E daremos oportunidades iguais.

Estou sendo irônico. Nenhum homem deveria ser obrigado a ir para a guerra. Ele tem que ter o direito de escolha, assim como a mulher. Também não deveria ser obrigado a colocar o trabalho na frente de tudo. Deve ter o direito de se sentir inseguro, pois ter medo e dúvidas é um direito de qualquer ser humano. Temos que estar cientes também das limitações impostas por nossas escolhas e de suas decorrentes responsabilidades.

Está chegando o dia em que a frase "Seja homem!", dita sempre em tom de advertência, deixará de ter todas as implicações pesadas que recaem sobre ela. Servirá, no máximo, para advertir o cidadão de que ele já não é mais menino.

Renegociação amorosa

Nas relações íntimas as mudanças também estão em curso.

Num mundo em que homens e mulheres não precisam uns dos outros, mas continuam querendo a companhia do sexo oposto, a responsabilidade pela qualidade das relações será igualmente compartilhada. Projetos de vida, hora de casar, hora de ter filhos, quantos filhos, tudo isso tem que ser debatido. O tempo em que homens esperavam apenas obter uma certa independência financeira para se casar já passou. As mulheres que esperavam um bom provedor começaram a perder a paciência e saíram à procura de suas próprias soluções e projetos. A negociação é constante.

Pouco se fala de amor nos dias de hoje. Fala-se muito em relacionamentos. Eles são o resultado formal de uma negociação que, em princípio, seria sentimental. Discutem-se muito as regras dos relacionamentos, os papéis de cada um, os projetos, a quantidade de horas que cada um precisa para si e para sua carreira, a possibilidade de ceder, e em que circunstâncias, para se adaptar ao projeto do outro.

Já escutamos mulheres dizerem, sem pudor, que não querem ser mães. O projeto dessas mulheres só interessará aos homens que, como elas, também não tenham interesse em ter filhos. Aí está a questão: é preciso saber quais são seus termos e suas condições. Partir de um projeto pessoal, ainda que ele seja alterado ao longo do tempo.

Homens também precisam entender suas necessidades emocionais e sexuais antes de sair por aí conquistando corações e mentes. O que fazer depois com a mulher conquistada?

Os homens entram no jogo amoroso achando que não precisam de nada além do próprio desejo. Acham que o improviso é essencial. Está a fim? Basta. Bola para frente. As mulheres planejam, sonham e, sobretudo, elaboram estratégias para conseguir o que querem. Eles deixam que elas conduzam a dança amorosa porque acham que a vida tem um "curso natural" que vai orientar os amantes. Não é bem assim.

Uma amiga contava que o pai, repartindo seu patrimônio, deu um apartamento para cada filha e nada para os filhos. Indagado sobre a injustiça, ele disse: "Meus amigos que deram apartamentos para os filhos hoje estão sem os apartamentos, e os filhos também; foram tomados pelas ex-mulheres deles. Por outro lado, as filhas, quando se separam, ficam com o apartamento que já era delas." Pensar desde o início que a relação pode acabar é sinal de maturidade. Ainda há muito mais homens pagando pensões do que mulheres. Estabelecer uma relação justa, desde o início, pode ser fundamental para que ninguém saia devendo ou se sentindo prejudicado.

Pelo mesmo motivo, o homem não pode pensar que é bacana ajudar em casa. Não é. "Ajuda" quem não tem a responsabilidade pela casa. O correto é dividir e compartilhar os deveres. Seja com a casa, seja com os filhos. A casa e os filhos também são dele, não são os filhos da sua mulher na casa deles. Se ela tem tempo, ele também tem que ter. Ninguém obriga um homem a casar, certo? Casou? Viva o casamento. Quer ser pai? Pois o seja em tempo integral. Para o resto da vida.

Começamos a ser pais quando decidimos ter filhos. Ao tomar a decisão estamos grávidos, ou, literalmente, esperando o filho. A responsabilidade e a curtição devem ser dos dois. Filhos, ao contrário do que muitos querem crer, não são propriedades ou responsabilidades das mães. Assim como os homens não são colaboradores que devem "ajudar". Filhos são do casal.

Acho errado a mulher ter um tempo enorme para cuidar do recém-nascido e o pai ter alguns dias. A gravidez e o nascimento do filho não são um evento meramente físico. O componente emocional me parece muito mais importante. Claro que o corpo da mulher sofre e merece descanso depois do nascimento, e ainda há a questão da amamentação. No entanto, também acho que não há ninguém mais apropriado que o pai para dividir as tarefas e até cuidar das coisas práticas como dar banho, trocar fraldas, preservando o sono da mãe. Lamber a cria, dar conforto emocional, viver a riqueza do momento, estabelecer vínculos, estar presente — são muitas as atribuições de um pai na chegada de seu novo e grande amor.

Vejo com simpatia o interesse cada vez maior dos homens pelos afazeres domésticos e familiares. O macho tradicional que acha que reunião de pais e mestres e eventos infantis são coisas que não lhe dizem respeito está em extinção. Sou pai e nas reuniões em que participei a presença dos homens era constante. Faltava um pai, faltava uma mãe, mas era frequente os dois estarem presentes.

É bem verdade que, mesmo nessa turminha de bons pais, era também comum me deparar com mulheres de um lado e homens de outro quando havia um evento. Isso é uma coisa que não suporto. Minha contribuição sempre foi e será a de me infiltrar no Clube da Luluzinha e convocar outros homens a fazer o mesmo. Os clichês e tabus estão aí para serem quebrados. Não estou interessado no papo dos homens mais do que no papo das mulheres ou vice-versa. Nem acho que deva haver uma luta entre os sexos. Ao contrário, sou completamente a favor do congraçamento geral. Paz e amor, sempre que possível.

Sei que o meu círculo não reflete o que acontece na maioria dos casos. Vejo situações em que o cara "se mata" para sustentar a família e aí exige o direito de assistir compulsivamente ao futebol, ou ver e beber com os amigos, estabelecendo que "lazer" é estar longe de casa e fora do convívio familiar. Esse camarada tem lá suas razões: ele merece o direito à descompressão.

O curioso é ele não perceber que uma atividade com os filhos pode ter esse mesmo significado. Ou não achar que a companhia da mulher pode ser mais interessante do que um jogo de futebol qualquer na televisão. Afinal, ele trabalha demais para quê? Para ter uma casa e sustentar uma família que ele deve evitar a fim de ter bons momentos? Não me parece inteligente.

Este livro deve ser lido por mais mulheres do que homens, pois é fato que são elas que leem mais. As músicas são mais vendidas para elas, que são muito mais assíduas a eventos culturais de qualquer tipo. Quase tudo que envolva reflexão, cultura, sabedoria e arte terá como público uma inegável maioria feminina. Ainda que os produtores de tais eventos ou obras sejam, curiosamente, uma maioria masculina.

Os homens genéricos de que falo parecem ter capacidade para produzir, mas não ter tanto gosto ou prazer em curtir arte e cultura. Esse macho tosco que acha que pode viver isolado e limitado no seu barzinho com televisão ligada no canal de esportes tende a ficar lá desacompanhado. Pode até ser feliz, mas aquilo não o prepara para as questões da vida — e elas chegarão.

Recentemente, vivi um conflito interessante. Numa época em que estava assoberbado de trabalhos, sem tempo para nada na vida pessoal pelo acúmulo de várias atividades simultâneas — o que é uma característica que muito me agrada em minhas escolhas profissionais —, recebi o convite para a formatura de meu filho na creche.

Bem, já mencionei aqui que nós, os pais, estivemos nos relacionando bastante em virtude da amizade e das atividades educacionais de nossos pequenos. Pois é, a ideia de faltar ao evento de conclusão daquele processo de cinco anos que resultaria na diáspora daquele círculo de amigos não me pareceu razoável. Marquei na agenda como um compromisso sério de trabalho e bloqueei a data para que nada, de nenhuma grandeza de importância ou valor, pudesse me impedir de ir.

A bem da verdade, não fiz nenhum ato heroico, não faltei a um evento ou deixei ninguém na mão. Só omiti de todos com quem trabalho a natureza do compromisso que me obrigava a bloquear a data. Ocorreu-me que poderiam não compreender. Diante disso, achei que não devia expor o quanto era imperativo eu estar lá. E foi um evento muito importante para uma pessoa especialíssima para mim, meu filho Davi.

Temos que saber o que precisa ser preservado e o que pode ser considerado uma falta razoável. Nós, homens contemporâneos, sabemos que não vamos ser heróis de nada, mas, a despeito de sermos falíveis, podemos e devemos fazer o melhor tanto em nossa vida íntima quanto na profissional. Ganhar dinheiro e não ter tempo ou prazer em gastar é sem sentido. Dar atenção em demasia ao lar e faltar com as responsabilidades pode ser igualmente insatisfatório.

Assim como as mulheres, precisamos saber como conduzir a vida profissional com atenção à vida pessoal e sem perder a ternura. E, se possível, sabendo harmonizar o vinho com a comida e mantendo o olho no noticiário para refletir e compartilhar nossa visão de mundo. O mundo do homem contemporâneo há de ser mais complexo, é preciso dizer. Não basta saber ganhar dinheiro: é preciso saber viver.

Por exemplo, cozinhar é uma ótima distração para mim. Compartilhar com amigos esses momentos, um enorme prazer. Vejo uns caras que sabem construir ou consertar coisas. Há os que curtem a companhia de um livro ou mesmo juntar amigos para ver filmes e debater. Esse mundo masculino — o Clube do Bolinha —, em que se fala de esportes, de tecnologia e de como ganhar dinheiro, é chato. O mundo "cri-cri", de crianças/criadas, e de onde comprar ou de como emagrecer — ou seja, o Clube da Luluzinha —, também é maçante.

O convívio heterogêneo, com gente de opiniões distintas, pontos de vistas diferentes, orientações sexuais e gêneros diferentes, é sempre mais interessante e enriquecedor. Gosto também de conviver com gente de idades diferentes, principalmente com os muito novos e os muito velhos. Homens que sabem falar línguas que não as suas são mais interessantes de conviver.

É o que eu acho.

Capítulo 3
Você não é espetacular nem precisa ser

Algumas notícias que pipocam aqui e ali me deixam perplexo. Uma diz que o Brasil é o segundo colocado em cirurgias plásticas no mundo! E outra que os adolescentes ou jovens de menos de 25 anos consomem boa parte dos remédios para disfunção erétil no país. Tomam quando vão para as baladas, misturando com doses de energético. É um coquetel animado, ou não é? São várias as histórias, vários os sintomas e a doença parece ser uma só: todo mundo quer ser outra pessoa. Uma pessoa com melhor aparência, mais bonita e potente. Deduzo que ou todos os citados estão abaixo do padrão ou o padrão é que está muito acima do razoável — para infelicidade de todos os que se deixam oprimir por ele.

As mulheres costumam achar que o cabelo delas tem a cor errada e que precisam emagrecer dois quilos, no mínimo. A bunda não é tão grande e redonda quanto a de não sei quem que apareceu na revista e o peito não é tão firme e grande quanto deveria, assim como o cabelo não é tão liso, a barriga não é negativa, a pele não é impecável etc. A lista de motivos para ela se olhar no espelho e se achar indesejável é enorme.

Como é que, com essa apresentação tão imperfeita, ela põe a escola de samba de seus desejos para desfilar? Ela que é tão diferente do que vê nas capas de revista! Essa mulher prematuramente frustrada pode ter prazer e sentir que há sinceridade quando o parceiro diz que a acha um tesão? No que ela prefere acreditar: nas capas ultrarretocadas ou na ereção do parceiro?

Incomoda-me o fato de que nossas mulheres queiram ser suecas. Todas querem ter o cabelo mais liso, ter 15 centímetros a mais nas pernas (para ficarem com 1,80m sem salto) e o nariz afilado e arrebitado. E, claro, quase toda brasileira será ou já foi loura um dia. Dizem que as brasileiras não envelhecem, ficam louras. No mínimo, com o cabelo meio alourado pelas luzes californianas ou qualquer outra coisa que não o sol. Sol é natural. É preciso artificialidade, sei lá o porquê.

Por que ninguém está satisfeito?

Voltemos aos meninos. O que pode ter mais energia e desejo sexual do que um moleque que acaba de sair da adolescência? Pois, fica a questão: o que o faz crer que a ajuda de um remédio para disfunção erétil seja necessária? Talvez por achar que se ele só der três na noite achem que ele seja fraco. A performance precisa ser impressionante! Não pode nem correr o risco de falhar na hora H!

No entanto, o remédio não é para desejo, é para o pau ficar duro. Talvez eles imaginem que, com o uso de medicamento, seja mais fácil transar com alguém que, de fato, não desejam. Mas isso não seria um autoestupro, com o agravante de estar usando uma mulher para tanto? Transar com alguém que não se deseja? Por quê? Para quê? Que desespero de causa é esse? Ou, mais provável: que medo é esse que os homens ainda têm de não serem suficientemente viris?

Ter uma ereção "turbinada" aos vinte anos é a versão masculina da insegurança juvenil feminina quanto aos apetrechos que a natureza ofereceu. Vejo nas revistas estudos que apontam que 98% das cariocas de 22 anos estão insatisfeitas com o próprio corpo. Oras, se a carioca de 22 anos não está bem, quem poderá estar?

Beber em reuniões sociais, ficar alegrinho, nada disso é novidade. Agora, por que é preciso energético? Lembro-me de que era comum o uso de guaraná em pó, há tempos, para quem ia estudar longos períodos para o vestibular. Até cheguei a usar o tal pó natureba antes de jogar peladas ou de fazer shows, para descobrir depois que aquela "acelerada" não era necessária ou desejável na maior parte das vezes. Vá lá, se você dormiu pouco ou está meio indisposto, OK. Mas se toma coisas para se excitar antes de fazer algo é porque esse algo não lhe excita como deveria, não é mesmo?

Homens e mulheres de todas as idades tomam "bombas" frequentemente, ou suplementos que ajudariam a definir a musculatura e tantos outros milagres incríveis. Ninguém mais diz que vai fazer ginástica. Até o verbo "malhar", que guardava uma interessante relação com o ofício do ferreiro, aquele que malha o ferro, anda em desuso. Agora todos dizem que vão treinar. Treinar, no meu entendimento, é quando você vai se preparar para alguma coisa. Seria o equivalente a ensaiar. Quando canto no chuveiro não estou necessariamente ensaiando, assim como não estou treinando quando resolvo dar uma volta na lagoa a pé. Mas isso sou eu. Entendo que querem dar um tom de seriedade à prática de exercícios dizendo que aquilo é um treino. E estão treinando para se prepararem para outro treino. Treinando para estarem aptos para treinar mais. Deve ser isso.

E o tal treinamento também pode ser turbinado. A quantidade de latões com pós sensacionais que fazem mágicas incríveis que ninguém vai perceber é um espanto. Além das cápsulas que "ajudam" a isso e àquilo outro. O fato é que colocar uma roupa leve e sair para se exercitar não é suficiente. É preciso ter o suporte industrial para se conseguir resultados estupendos.

Mas, afinal, qual é esse resultado tão almejado? Ter um corpo que não é o natural. Mesmo para quem se exercita muito e tem formas perfeitas ainda há a sensação de que poderia ser mais hiper, super, extra, mega para, aí sim, ficar hype.

Se é necessário tomar aditivos para render mais na academia, também é preciso tomar outros aditivos para render mais na pista de dança, que é onde a pessoa vai exibir o corpaço conquistado a duras penas. A minha leitura é a de que estão todos pressionados pela ideia da performance. Todos vivendo numa competição absurda contra o tempo e a natureza. Todos muito preocupados com a forma e com a aprovação.

Não é preciso agradar alguém em especial: é preciso agradar a plateia e dela receber a necessária aprovação — o que talvez explique a razão de tanta gente demorar para se envolver a sério em relacionamentos. Sair da pista é sair da competição para a qual tanto se treina! E com isso a adolescência e todas as suas inseguranças vão se alongando. Por isso essa gente demora a ficar pronta.

Uma amiga, mãe de adolescentes, num dia em que estávamos na praia, observava o comportamento da garotada em volta e pontuou:

"Curioso que as meninas não muito bonitas, as mais comuns, estejam sempre cheias de amigos, sorridentes, namorando e felizes. Enquanto as mais bonitas estão sempre sozinhas, emburradas, querendo ficar ainda mais bonitas e esperando um príncipe que, aparentemente, não está disponível." Achei um comentário preciso.

Vejo nesse ideal de sedução juvenil resquícios de pornografia. Será que a pessoa se sente apta a viver uma vida sexual plena não tendo o corpo ou a habilidade dos atores da indústria pornô? Será que não há interferência desses padrões no sexo diante da expectativa de performance e da preocupação com estimulantes e aditivos das pessoas comuns?

Não se leva nada disso para a cama. Nada expõe mais o corpo e suas imperfeições do que a intimidade que um encontro sexual oferece. E se a insegurança de quem está vestido é grande, deve aumentar quando as roupas são tiradas.

É claro que um mundo que valoriza a performance e os padrões estéticos quase inatingíveis também deve se preocupar com o que fazer com esses corpos sedutores. Nos filmes de sacanagem, os paus não são do tamanho da média brasileira. São maiores. Isso não causa insegurança aos homens normais?

As mulheres dos filmes pornôs são preparadas para parecerem fantásticas e fazerem coisas que, em princípio, não deve lhes dar prazer nenhum. E o fazem fingindo orgasmos múltiplos a cada segundo. Será que isso não abala a autoestima da mulher comum? Daí se apela para peitos siliconados e vaginas operadas para ficarem parecidas com a da Barbie (mais de cinco mil mulheres americanas já fizeram esta cirurgia que elimina os grandes lábios), além do misteriosíssimo *anal bleach*, ou clareamento anal, que faz com que a pele naquela área fique rosadinha. É só jogar um pouco de ácido. Pois é.

As estrelas pornôs que parecem ter prazer fazendo posições de contorcionista e disposição física de ginasta olímpica são parâmetros razoáveis para a mulher comum? E esses caras que aparecem eretos por horas e não se cansam nem com cinco mulheres ao mesmo tempo seriam um exemplo razoável para o aprendiz nas artes da alcova? Não deveriam ser, mas são.

Não é preciso ser atleta para fazer ginástica, não é preciso fazer plástica para ser atraente, não é preciso ser uma estrela pornô para ter uma vida sexual plena nem é preciso ser maratonista para ter uma noite divertida. Assim penso eu. Diante disso, concluo: não é preciso ser o bonitão da tela de cinema ou o gênio financeiro para ter uma vida decente. E aqui me refiro a outro mito comum, o da realização profissional.

Idealizações e frustrações

Todo mundo quer uma vida profissional que, além de pagar as contas e dar algum conforto, também seja motivo de orgulho. O tal "fazer o que se gosta". Vejo uma infinidade de jovens morando com os pais e sem grandes definições na vida perto dos trinta anos porque ainda não acharam um lance que realmente tenha a ver com suas identidades. De certa forma a ocupação profissional acaba sendo mais um daqueles itens de imagem pessoal que precisa da aprovação geral. E aí é comum não encontrarem nada que seja suficientemente legal para que iniciem um caminho profissional. Parece bobagem, mas não é. A quantidade de gente que se forma e não consegue fazer dinheiro e aí resolve estudar mais, a fim de se preparar para uma função que lhe pareça atraente, é espantosa. Óbvio que me refiro aos que podem viver sem um salário no final de cada mês. Também observo que, dentro dessa categoria, a mudança de emprego e de áreas de atuação também é grande.

A insatisfação é grande. Por quê? Preciso ressaltar que não estou fazendo mais do que exercitar uma reflexão sobre tendências. Ninguém é exatamente assim, mas o *zeitgeist* está aí, e alguns conflitos, ainda que passageiros, deixam transparecer esses ideais e suas precariedades.

A primeira coisa que me ocorre é que a maior parte das pessoas não tem vocação para nada e acha que deveria ter. Ou melhor, a maior parte não sabe nem muito bem qual seria o seu hobby e vão se divertindo fazendo o que os outros fazem, indo para onde os outros vão, seguindo a boiada e curtindo a companhia. Não há nenhum juízo de valor nessa observação. Acho libertador não ter que estar fazendo uma determinada coisa para ter prazer no cotidiano.

A questão é que poucas são as pessoas que, tendo uma vocação real, conseguem oportunidades de exercê-la. Dentro destas, são poucas as que conseguem sucesso exercendo sua vocação depois de conseguir uma oportunidade. Uma vez incluído nesse seletíssimo grupo, são muito poucos os que conseguem fazer dinheiro de forma estável e contínua por toda a vida profissional trabalhando naquilo para que nasceram. Depender dessa junção de causalidades para ser feliz é se arriscar demais ao insucesso.

Parece-me que as idealizações glamorosas sobre as formas de trazer dinheiro para casa se equivalem à pressa para se ter o corpo e a performance ideal com o uso de substâncias, ao exagero cosmético para se ter a beleza ideal apelando para cirurgias.

O ideal inacessível transforma todas as possibilidades reais em versões desinteressantes. Vive-se uma vida platônica em que nada do que é possível vale mesmo a pena diante da perfeição virtual ou ideal. Nessa cornucópia de virtualidades, a natureza humana vai ficando cada vez mais pobre em horizontes.

Trabalhar pode ser só um meio de ganhar o próprio sustento. Ser aplicado e dedicado, se preparar direitinho, cumprir as funções e criar uma reputação boa não depende de vocação ou genialidade. Basta boa vontade. A curtição pode estar no que se vai fazer com o dinheiro que se ganha, quando se tem um hobby definido, ou uma causa a qual se quer dedicar tempo e amor, ou, ainda, um desejo claro sobre as experiências que se quer viver.

Isso não significa que passar boa parte do tempo fazendo algo que não dá prazer seja indolor. Se o trabalho for chato é justo procurar outro mais agradável. Porém, é preciso saber que trabalhar é doar parte do seu tempo e capacidades em busca de qualidade de vida. Ficar de férias é sempre muito melhor. Ganhar para não fazer nada é incrível. E julgar todos os trabalhos tendo como referência a ideia de que se deve ter dinheiro e prazer ao mesmo tempo é colocar as possibilidades reais na berlinda.

Imagino eu que ser biliardário também dê trabalho. Administrar a vida, seja ela qual for, dá trabalho. Reclamar do trabalho que a vida dá é comum a quem não tem expectativas reais. Para barco que não sabe para onde vai todo vento é ruim.

A felicidade está muito relacionada às nossas expectativas. Na escola, a gente aprende que nota seis ou sete é suficiente para passar de ano. Não é o ideal viver uma vida em que nossos relacionamentos, atividades, ou mesmo a autoimagem, sejam nota seis ou sete.

Claro que devemos nos empenhar para ter uma vida mais bacana e feliz; no entanto, é salutar considerar que, quanto mais altas as expectativas, maiores as frustrações e a dificuldade em se levantar dos tombos, de alguma maneira, inevitáveis.

Ter uma vida nota seis de modo resignado é medíocre. Aceitar uma nota seis em determinada situação e seguir em frente, sem lamentações, é sabedoria.

Ficar lamentando o que nos falta em vez de aproveitar o que se tem é um erro comum. Tirar nota nove em alguma prova que a vida oferece e depois remoer os dez por cento que não deram certo, focar mais no erro do que nos acertos, pode invalidar o objetivo conquistado. Depende do valor que se dispensa à metade cheia ou vazia do copo. Errar é fundamental, cair é inevitável, saber seguir em frente e se recompor é que parece ser o macete. Resiliência.

Ninguém é super, hiper, mega, ultra, blaster. Nem você, nem eu. Algumas pessoas conseguem, em algum momento da vida, por muito esforço ou sorte, ou os dois, fazer coisas incríveis. Se olharmos para esses melhores momentos, as versões editadas, e os usarmos como medidas para nosso próprio valor, sempre estaremos nos diminuindo. Acredite: a vida ao vivo é muito diferente da vida dos filmes, das capas de revistas, das grandes performances. Mas, ainda assim, "é bonita, é bonita e é bonita".

O que os homens querem? O que as mulheres querem?

No campo dos relacionamentos íntimos também podemos observar que as expectativas podem determinar o sucesso mais do que o comportamento ou o afeto. Homens costumam oferecer afeto em troca de sexo — que é do que eles acham que precisam. Mulheres costumam oferecer sexo em troca de afeto — que é do que elas acham que precisam.

O resultado é que homens pedem sexo quando querem um abraço, acolhimento, e mulheres pedem um abraço e acolhimento quando querem uma trepada selvagem. Não acredito nesses clichês, mas sei que eles ainda existem, porque os homens ainda não se sentem à vontade com suas fragilidades e as mulheres, com sua sexualidade. Claro que estou falando aqui sobre a realidade, sobre o que somos e não sobre o que dizemos ser.

Os homens são, atualmente, melhores pais do que no passado, mas continuam sendo maus maridos. Ainda me parece haver perspectivas irreais dos homens em relação a mulheres e casamentos.

De alguma forma, as mulheres sabem que a parceria é um passeio pelo céu e pelo inferno na companhia um do outro. O homem, sei lá o porquê, ainda parece crer que o casamento é uma viagem de ida ao paraíso. Diz o clichê que o homem se casa esperando que a mulher não mude e ela muda; e a mulher casa pensando que o homem vai mudar e ele não muda.

No fundo, os homens procuram mulheres que sejam parceiras no jogo amoroso. Mas algumas ainda preferem se colocar ou como juízas ou como troféus. Ou o estão julgando ou são o prêmio com o qual ele poderá desfilar. Existe um grupo delas que já acordou para o fato de que a qualidade de sua vida sexual e amorosa está diretamente ligada ao seu empenho em tirar prazer dela e torná-la divertida. Mas a maioria parece achar que é o homem que manda bem ou mal, ela só se deixa levar na dança. Ele é quem tem que seduzir, a fim de manter a frequência. Ela ou concorda ou não. Regrinha chata essa, não é? Vai cair em breve.

Para os homens falta aprender a discutir o relacionamento, a se posicionar diante do projeto de vida a dois e suas agruras cotidianas. Para as mulheres falta dar risada. No fundo, elas gostam de ganhar discussões, mas também gostam de perder diante de uma argumentação razoável de um homem interessado e atento. Fazendo o tipo de analogia futebolística que homens costumam ter como recurso, para a irritação da maior parte das mulheres, elas gostam de fazer gols, mas também ficam felizes quando tomam. Ninguém perde numa boa conversa. Elas querem jogo e querem que o parceiro faça bonito também.

Resumindo, em duas letras, aqui vai a fórmula do amor: DR.

Capítulo 4
O grande homem

Atrás de um grande homem tem sempre um monte de mulheres. Um grande homem ou um homem grande? Quando alguém comentava que um rapaz era bonitão, uma amiga experiente dizia: "Ele não é bonito, ele é alto!" E dava uma resposta parecida quando falavam de alguma mocinha jeitosa: "Ela não é bonita, ela é jovem." Sim, porque há a tendência de se valorizar a moça e o galalau. Da jovem já tratamos um pouco, vamos então falar do homem e de seus tamanhos: pequeno, grande, pronto, verde, maduro, dessas medidas ou fases todas.

Ao macho genérico não é permitida, sem que ele sofra uma boa dose de crítica, fragilidade. O homem não pode, por exemplo, recusar o banho de mar porque a água está fria. Correr de uma barata que invadiu o recinto? De jeito nenhum. Dizer que não vai sair, meia hora antes do compromisso, emburradíssimo, porque não tem nada para vestir? Nem pensar. Tem um monte de coisas que o homem não pode fazer nesse mundo machista que tentamos destruir para libertar mulheres e homens — que fique claro! O homem não pode, em nenhuma instância, fracassar. O sucesso é obrigação. Quando alguma coisa enguiça em casa, logo vai parar nas mãos dele.

As pessoas acham que todo homem fez um curso de faz-tudo no tempo que passou escondido no banheiro durante a adolescência. Pode até ser verdade para alguns, mas a maioria apenas se dedica a um treino platônico para a vida sexual. Tem alguns que não têm a menor vocação nem ideia do que estão fazendo, mas se metem a consertar o que não sabem. Por quê? "Deu errado, chame um cara." Pois é, o homem não pode, sem intensas avaliações anteriores, simplesmente chamar um especialista. Ele é *o homem* e deve dar conta de tudo, ou pelo menos sustentar a pose. Os homens não podem, como as mulheres, simplesmente dizer "abra o pote de palmito" ou "o computador travou", virando as costas, indignados, como quem diz "este hotel é uma merda".

É claro que mulheres também são pressionadas em situações muito mais graves, principalmente quando se trata de quem no casal deve abrir mão da carreira em função de uma mudança para outro estado ou país, ou quando alguém da família adoece. Afinal, por que, mesmo quando tem mais perspectivas profissionais ou ganha mais, ela deveria assumir mais responsabilidades na criação dos filhos? Esse negócio de "funções" características dos gêneros é uma roubada para todo mundo. Mas voltemos aos homens.

A vida sexual da mulher é um mistério para o qual a menina se prepara durante um bom tempo. Lendo, assistindo a filmes, pesquisando na internet, idealizando na cama, conversando com a mãe e as amigas, sei lá como. A menina sabe que vai ter uma vida amorosa e começa a idealizar roteiros, com diálogos, locações e personagens definidos.

O menino tem pressa e só. Acha que talvez, por ser homem, já tenha nascido sabendo. Não há perguntas a serem respondidas, consultas aos mais experientes nem pesquisas a respeito do que pode dar errado. Ele não acha que pode dar errado. O que chamam de "dar certo" é, simplesmente, "funcionar". Ficou de pau duro? Ejaculou? Ponto! Deu duas? Ponto duas vezes. Como foi ou quais foram as melhores e as piores sensações? Deixa pra lá. Game over! Homens não podem ter essas frescuras. Ou é preto ou é branco. Não existe cinza na avaliação que fazem de sua performance ou mesmo de seu prazer. É só: rolou ou não rolou.

Assim o homem cresce, e é ele que as mulheres, equivocadamente, esperam que lhes ensine alguma coisa ou adivinhe seus desejos mais secretos. Dá dó.

Pensando com a cabeça de baixo

O órgão sexual dos homens está ali, à vista, e talvez por isso eles não se preocupem em "vê-los" com a visão interna, das sensações. Começa aí o problema: segundo essa mentalidade, sexo é uma coisa que existe entre o pau e a mulher. O sujeito é só o condutor ou operador do pinto. Não há outra área do corpo que lhe possa dar prazer a priori. É só entrar na área e correr para o gol. Correr, eu disse. Sim, há algo de esportivo na forma como o menino lida com sua sexualidade. Fazer um gol aos 15 segundos de partida não parece, nem de longe, indesejável. E as preocupações ou formas de mensurar são todas assim: objetivas, numéricas.

Ah, sim, o tamanho importa! E como importa! Essa é a primeira e mais fundamental questão: será o tamanho adequado? Será suficiente? Nós sabemos que os homens precisam ser infalíveis, mas será que eles precisam ser realmente grandes? E ainda dar um show? Tamanhos, centímetros, quantidade, minutos. As tentativas de mensurar afeto e desejo são comuns e invariavelmente ineficazes. Porém, ninguém desiste! Sim, vamos, portanto, falar de tamanhos. Na intimidade.

Mulheres hoje clamam por paridade salarial, por direitos iguais, o que acho justíssimo. No entanto, muitas fazem questão de ser mais baixas que seus parceiros, e usam salto para diminuir a diferença. Faz sentido? Não. Explico: a maioria das mulheres quer sair com homens mais altos do que elas. Mas também querem usar salto alto. É um paradoxo, mas é real.

É comum também que elas classifiquem a admiração pelo homem como fator importantíssimo em seus critérios de escolha. Em geral, isso significa que o cara deveria ser mais rico, inteligente, experiente, bonito e culto — entre tantos fatores — do que elas. Uma vez diante desse homem admirável, elas gostariam muito de ter, e vão se esforçar horrores para conseguir, o controle da relação. Como diz o ditado popular: "Casamento é uma união entre duas pessoas: uma que está sempre certa e um marido."

Subjugar e dominar não é, em última análise, um caminho que só vai diminuir a admiração e o encanto? E aí? E na cama? Ela vai orientar, descobrir junto ou simplesmente esperar que ele faça o que diz (e pensa) saber fazer? Será que vai se permitir tomar a iniciativa? Se mostrar experiente e dirigir a parada? Não vai temer o julgamento masculino ou, pior, sentir que fez uma má escolha? Não era para estar ao lado de alguém "melhor" do que ela? E a paridade, não vale para a intimidade também?

O grau de segurança do homem é que vai definir que tipo de mulher ele procura. Os mais maduros e autoconfiantes gostam de uma mulher experiente, que diga o que deseja, tome iniciativas e proponha com clareza seus desejos. Mas se são homens inseguros vão preferir uma virgem ou semivirgem que possam moldar ao seu bel-prazer. Ou alguém que, simplesmente, seja ainda mais problemática que ele e que não seja muito exigente ou não teste seus limites.

Medidas diferentes

Homens se preocupam muito com o tamanho. Bunda, peitos, cabelos. As medidas delas importam, sim! Falam muito disso, como se a proporção entre quadril, cintura e busto fosse uma garantia de escolha bem-feita. Às vezes escolhem mulheres como quem avalia a compra de um carro, como se esses atributos revelassem sua potência e valor de mercado.

E se preocupam com o próprio tamanho, claro. Acreditam que ser baixo é um problema sério e definitivo para a vida amorosa. Ter um pau pequeno é motivo ainda maior de preocupação. Claro que se o cara é muito rico, a dificuldade para colecionar troféus de medidas perfeitas é mínima, não importa se ele tem tamanho, predicados, caráter ou não. O mundo está aí para provar o que eu digo e isso magoa profundamente aos outros. Os homens que percebem que podem ser preteridos a qualquer momento por um concorrente que faça a corte com objetos caros e acenem com uma solução definitiva para as questões financeiras ficam magoados até os ossos. Príncipes encantados nunca são pobres. Quantidade, números, preço. As meninas podem brincar de um monte de coisas, mas o príncipe ocupa lugar de honra em seu imaginário.

Para o homem comum, sentir-se pequeno é o fim do mundo. Não é gratuito o julgamento que se faz do baixinho invocado. Ser alto é uma garantia de respeito, de atenção do sexo oposto. O baixinho tende a atuar para tentar chamar a atenção que não atrai naturalmente. Fica muito forte, anda em carros e motos enormes, fala muito alto ou usa salto.

Eu diria que no mundo masculino a avaliação é assim: melhor ser careca do que gordo e melhor ser gordo do que baixo. Isso sem falar nos gordos, carecas e baixos: se não forem gênios, não vão se reproduzir. Brincadeira! Sempre tem uma mulher pronta para abraçar um homem disposto a fazê-la feliz de verdade, embora nem sempre o contrário seja verdadeiro. As cobranças ao homem solteiro são brandas perto das que se fazem às mulheres quanto às questões físicas.

As mulheres podem até reclamar de serem baixas, e o fazem com frequência, mas nunca ouvi um homem reclamar que uma mulher é pequena demais. "Ela é muito baixinha, não dá!" Nunca ouvi mesmo! Pelo contrário. Não conheço muitos homens interessados em beijar apoiados nas pontas dos pés. É claro que há os baixinhos que adoram mulheres altas: aumenta a média do casal.

Faço piada, mas sei o quanto é doloroso para o homem ser pequeno e o quanto isso o faz pensar que precisa provar algo. É cruel! Uma mulher usa salto porque queria ser sete ou 12 centímetros mais alta, mas jamais abrirá as pernas ou o coração para um cidadão que faça o mesmo. Se o cara usar um saltão, pode até ficar maior, mas suas chances ficarão sensivelmente menores. A moça é baixa e isso pode ser bacana para o cara que não é muito alto, mas aí ela põe um saltão e o cara já vira carta fora do baralho.

O baixinho, o feio, o gordo, o homem que não chama atenção na festa nem passa a imagem (por vezes falsa) de poderoso, como o alto ou o rico costumam passar, terá uma chance na vida: ser um grande homem.

O grande homem é aquele que leva o mundo nas costas e não reclama. Alguém infalível e com respostas para tudo, tudo mesmo. Experiente, dono de qualidades e conhecimentos que lhe permitem ter uma boa qualidade de vida e prover a quem dele depende. Mas cumprir esse papel tem um preço, principalmente quando o homem conquistou tudo sozinho, sem o apoio ou a parceria de alguém. É ainda pior se era considerado desinteressante antes dessas conquistas. O cara tende a ser um chato.

O grande homem não pede informação quando está perdido no trânsito e também não leva nada para o conserto sem antes tentar resolver sozinho ou pelo menos dar o diagnóstico. Está o tempo todo esfregando na cara da sociedade que deu a volta por cima, que é vencedor. Sabe o que teve que gramar para conquistar um lugar ao sol e guarda certa mágoa por ter sido avaliado não por seu potencial, e sim pelos poucos predicados com os quais começou sua jornada.

Outro personagem comum e bem conhecido é o cara que conseguiu amealhar uma boa condição de vida ao longo dos anos e chega na meia-idade em crise, achando que não se cuidou, não se premiou o suficiente, que sacrificou a juventude ralando no trabalho para bancar a família, e que agora merece sua recompensa. Aí começa a usar as roupas e a frequentar as rodas dos filhos. Compra um carro esportivo ou uma moto e tenta reviver a juventude, só que com grana. É claro que também larga a esposa e procura uma gatinha que impressione os novos amigos, servindo de chancela para a próxima conquista. Afinal, ele é jovem de novo e não está pensando em se envolver em nada sério "por enquanto". Quer curtir o pouco que lhe resta de juventude.

Acho que aqui é bom acrescentar umas coisinhas e mudar um pouco o rumo da prosa.

O fato é que as diferenças físicas e sociais pesam muito quando você tem que ser o conquistador, quando tem que sair pelo mundo dos solitários convencendo os outros de que é uma boa companhia, um bom projeto, um bom parceiro e uma boa trepada. A posição costumeira das mulheres, aceitando currículos e avaliando candidatos, é mais cômoda, ainda que aturar chatos insistentes seja o lado desagradável da situação delas.

Homens são habituados a tomar tocos, a ouvirem "não"; dos 14 aos vinte anos quase não fazem outra coisa. Isso explica também a falta de critério na hora de mandar as propostas. Manda para todo mundo e vê se rola. Sacou a relação com o referencial de sucesso "rolou ou não rolou"?

Por isso os homens genéricos são traídos por sua avidez três vezes ao dia e se acham muito guerreiros quando voltam para casa atracados com um dragão. O dragão aqui não é o literal, que solta fogo pelas ventas, e sim uma metáfora para a companhia errada. Melhor dar uma atualizada nessas nomenclaturas.

Dizer que os homens são fáceis não é nada respeitoso com seus desejos ou afetividade, e, por outro lado, os torna menos complicados.

Educação sentimental

Dia desses eu colocava o meu filho para dormir e fiquei pensando na educação que as escolas não oferecem. Quando viajo, e o faço com frequência, sempre trago uma lembrancinha para o meu filho. Não é um presente, é um agrado cujo significado seja exatamente o que o nome diz: que me lembrei dele. Às vezes, acontece de ele me pedir a tal lembrancinha adiantada. Sabendo que vou viajar, ele escolhe algo e negociamos: posso dar antes, mas vai ser a lembrancinha daquela viagem. Naquele dia, ele tinha escolhido um livro — ele tem uma biblioteca no quarto. Ler histórias na hora de dormir é nossa rotina, e adoro fazer parte dela. Segundo minha própria avaliação, sou um excelente contador de histórias e faço isso com a maior empolgação. Como ele nunca reclamou, acho que não estou muito longe da verdade.

Eu gosto de fazê-lo dormir e de contar histórias. Compramos um livro naquele dia, e ele estava ansioso para que eu o lesse. Li a história e ele, ao apagar a luz da cabeceira, pediu que eu ficasse ali até ele dormir. Nesse tempo indefinido, fiquei avaliando o significado daqueles momentos. Eu poderia estar no bar bebendo cerveja, que é o que a maior parte dos homens defende como sendo o bom da vida, mas não estaria tão feliz e realizado. A história que tenho com meu filho é uma história de amor, e estar ali, praticando esse amor, é um sonho realizado.

O amor em sua plenitude não é mais do que uma sequência de momentos triviais e rotineiros, em que nos sentimos fiéis aos nossos desejos e prazeres. Tenho certeza do nosso amor, meu e do meu pestinha, porque sou campeão mundial de fazê-lo rir. Colocando-o na cama e pensando na vida, me sentia pleno — e não estava acontecendo nada demais. Peço desculpas pelo desvio, mas ele tem a ver com o assunto: educação sentimental.

De todas as armas que precisamos aprender a usar, a educação sentimental é a mais importante. Temos que aprender a lidar com os nossos sentimentos e com os dos outros. Não há nada de errado, a princípio, com o sexo casual ou com a escolha de uma companhia errada por carência ou por "estar no atraso", que é como os homens apelidam esse estado. É só compreender a situação com uma perspectiva educativa, pensando sobre o que se faz, se fez e se quer fazer, independente de ser "a coisa certa".

É preciso dar um sentido à nossa vida, às nossas procuras, aos nossos desejos, às nossas histórias. Isso vale para homens e mulheres. Se não há estratégia — e deveria haver —, que haja pelo menos a reflexão sobre as experiências, como se dão as relações e como elas nos transformam. Sim, tudo o que vivemos vira parte de nossa história e, por mais que ela seja segredo para os outros, são nossas escolhas que vão nos definir.

Quem vai pagar a conta das escolhas malfeitas?

Meninos costumam achar que, se a mulher é atraente aos olhos da maioria, deverá ser para ele também. Quando amadurecem, entendem que certas peculiaridades, que não necessariamente agradam às massas, é que tornam uma mulher especial. Nem sempre essa característica pode ser medida em centímetros ou percebida em um relance.

Um amigo, da banda João Penca e Seus Miquinhos Amestrados, da qual tenho orgulho de ter feito parte, uma vez me disse: "Para ser um bom caçador é preciso estudar os hábitos alimentares das presas." Claro, era uma piada, mas guardava uma sabedoria em relação à paquera. É preciso saber a quem se quer, e mais, é preciso saber agradar a esta pessoa em especial. Observar, estudar, aprender, treinar, se preparar para viver de modo vitorioso uma conquista e seus desdobramentos. É um processo e todas as experiências podem servir para ensinar algo. Do contrário, estamos perdendo tempo, colecionando insucessos e queimando nosso filme na praça.

Ser um bom amante não é ter um pau grande e ficar oito horas martelando a criatura como se fosse um lenhador. O nome disso é tortura. Saber a diferença entre um toque aqui ou ali, sondar o que pode alargar o horizonte do prazer alheio e gozar com ele, isso pode ser um rumo. Assim como compreender o diálogo silencioso dos corpos não como um objetivo a ser alcançado ou uma meta a ser cumprida, mas como um percurso prazeroso de conhecimento mútuo.

Não é preciso provar nada. O orgasmo não é o objetivo; o prazer, sim. E o prazer pode estar em vários pedacinhos quentes do corpo, nas palavras que são ditas, nos silêncios confortáveis, em dar a mão ao outro na descoberta de novos e libertadores prazeres. Ele acontece antes, durante e depois. Sexo "papai e mamãe" é igual a arroz com feijão: só os esquisitos não curtem. Ter prazer é amplo. Inclui os regozijos da alma e os deleites do corpo.

Não existe show de pica, como o macho genérico costuma imaginar, e sim intimidade e cumplicidade. Isso só se consegue olhando o outro bem de pertinho e, é claro, examinando atentamente as próprias sensações e sentimentos.

O bom de cama não é o pavão, nem o atleta, nem o bem-dotado. O bom de cama é o que sabe dialogar com o desejo. De ambos. Dominando e se deixando dominar. Entregando e exigindo. Improvisando.

A ideia de comer mulheres a torto e a direito é errada por isso: por que a paixão, que torna o desejo muito mais intenso, demora um tempo e dá um certo trabalho. Vender a própria intimidade como se fosse um feirante e se gabar por estar "tendo muita saída" não costuma ser tão bom quanto dizem, por mais que você ache que qualquer sexo seja melhor do que nenhum sexo.

Sexo não é ligado/desligado, bom/ruim, gozei/não gozei. Sexo é analógico e não digital. Desejo é narrativa e não objeto. Desejo é português, é língua (ou línguas) e não matemática.

E aqui vai, para encerrar, minha modesta opinião: como já disse, tamanho importa. Porque tudo importa. Principalmente o tamanho do interesse, da vontade de desvendar as singularidades que vão fazer alguém, ao longo do tempo, se tornar muito especial. E se você acha que isso tudo pode ser traduzido em números, estatísticas, simetria, formas e medidas, talvez esteja mais é fazendo um número do que sendo uma pessoa. Pessoas são imprecisas, irregulares e assimétricas.

Certamente você não será, também, especial, extraordinário ao buscar se ajustar aos números. Porém, tem muita gente por aí procurando por dígitos e com pavor de viver uma vida amorosa analógica. Expectativas GG e uma vida PP. Faça a conta.

Capítulo 5

Arrastando correntes

Pense na sua história como um escritor pensa num livro. Essa é sua vida e obra. A trama, desde o início, tem as características que nós mesmos emprestamos a ela com nossos atos. Para serem lembradas, as histórias precisam ser interessantes. E as nossas histórias de vida não são exceção.

Para quem escreve, pinta ou compõe há sempre a questão: quando parar, acabar, dar a última pincelada, dar por encerrado? Parece simples, mas não é. Interromper o movimento diante da conclusão de que nada mais pode ou deve ser feito, que aquela pincelada é desnecessária, é uma sabedoria que se conquista aos poucos. Não pode acabar nem antes, nem depois. Sempre há a possibilidade de mexer um pouco mais e até, acreditam alguns, de melhorar. Só que assim a obra nunca fica pronta.

Pois é, tem uma hora que, mesmo com defeitos ou inexatidões, é preciso abandonar o processo e dar a obra por encerrada. Assim também são os episódios da nossa vida, tanto profissionais quanto sentimentais. É preciso saber reconhecer quando uma coisa chegou ao fim, quando tudo de importante já foi dito ou feito. Lá está a obra pronta, com a nossa assinatura, em parceria ou não. Alguém menos delicado diria: as merdas que a gente faz na vida acabam sempre voltando. Tem isso também.

Quanto tempo deve durar um relacionamento? É possível que dure a vida toda? Quanto mais tempo durar, melhor? Tudo é relativo. Acho normal as pessoas se empolgarem por uma semana ou um mês com alguém e depois a coisa esfriar. Lembro-me de uns versos do Paddy McAloon, do Prefab Sprout, uma banda inglesa: "Não seremos como os tolos que acham que é para a vida inteira quando sabemos que vai durar um ano ou dois/ Não seremos como os outros amantes que acham que qualquer tampinha de garrafa no chão é uma estrela em potencial." E concluía: "Todo mundo ama os amantes; ame, custe o que custar."

Cinismo à parte, a maioria das relações não foi mesmo feita para durar. Duração não significa qualidade, afinal as coisas podem ficar maçantes depois de um tempo. Do mesmo modo, ser breve não significa ser irrelevante.

Aquele encontro fortuito, aquela transa inesperada com um quase estranho, as coisas que foram vividas intensamente e que não tinham nenhum futuro, estas ficam como boas histórias para se contar, ainda que nunca as contemos. Por vezes, anos e anos de relacionamentos sem graça somem nas estantes da memória, e a gente não se lembra de nada.

É preciso relativizar a importância das coisas. O tempo é significativo quando há um progresso palpável, quando quem está envolvido se vê modificando e sendo modificado pelo que está vivendo. A parceria existe por causa das obras que vão sendo criadas e mantêm o negócio funcionando. É a tal parábola da bicicleta: num relacionamento, se um dos dois parar de pedalar, há o risco de ambos tomarem um tombo.

A hora das revelações

A verdade sempre me parece muito sedutora, até porque se é preciso mentir ou dourar a pílula talvez a conquista não valha a pena. Explico: diga o que quer e se o outro não topar, paciência! A ideia de mudar o combinado é muito usada e nunca dá bons resultados. Talvez seja melhor eu ser mais específico.

O cara acha a mulher um tesão, apesar de não ter outras afinidades, e diz que está a fim de se casar com ela. Que ela é a tal, a única, a escolhida. Ela vai dar, empolgadíssima, para o amor da sua vida, e depois o cara vai começar uma operação-tartaruga até ela compreender que aquilo não tem futuro. O sujeito começa a mentir, dizendo que não pode ir aos encontros marcados, inventa uma crise no trabalho que estaria tirando sua concentração, é desagradável sempre que pode para convencê-la de que ele não é o cara certo e, portanto, merece um pé na bunda. Homens fazem isso. É feio. Eles forjam uma "demissão" para não ter que dizer na cara da mulher que não estão mais a fim.

É um erro o que a maioria dos homens faz: quer comer? Diga. Se ela não topar? Chore na sarjeta e espere a próxima. Se ela vê o cara como um lance promissor e ele a vê como uma solução para uma terça-feira, ou vice-versa, então é melhor a relação não ir adiante. Se ela ou ele topam, sabendo qual é a real, aí são outros quinhentos.

O mesmo acontece quando a mulher não vê muito futuro. É divertido e tal, mas ela não está a fim de se envolver no momento, ou, sendo mais franco: ela está carente e "no atraso", mas não está apaixonada. Ela deve dizer isso, de algum modo. Por exemplo: "Vamos manter segredo sobre o que estamos vivendo até a gente saber qual é?" E pronto! Não precisa explicar tudo. A combinação é simples: "Vamos nos divertir sem pressão por definições."

Fico pensando nos leitores que não são homens e mulheres heterossexuais, que imagino serem a maioria. Acho que minhas observações sobre o jogo amoroso servem para todos, mas quero tratar um pouco das peculiaridades das experiências de revelação da verdade. O "sair do armário" é uma questão que, em alguma proporção, também é enfrentada pelos heterossexuais praticantes, em alguma camada de sua sexualidade. Sim, todos temos nossos fantasmas e esqueletos no armário, e é preciso encará-los em algum momento para saber como são de perto.

Todos nós temos relacionamentos que servem para conhecermos a intensidade do poder que exercem sobre nós determinadas fantasias ou fetiches. Não acredito num mundo binário em que se é homo ou hétero, homem ou mulher, devasso ou travado, tarado ou frígido (existe frígido? Ninguém é frígido! Palavrinha feia e injusta). Na minha opinião, quem acha esquisita a sexualidade alheia é quem nunca olhou para a própria com atenção.

Somos todos esquisitos e isso, de alguma forma, nos nivela. Se bem que tem uns que são muito esquisitos! Como, por exemplo, os que têm repulsa aos prazeres do sexo ou não amam nada nem ninguém. Mas, como diria Nelson Rodrigues: "Se cada um soubesse o que o outro faz dentro de quatro paredes, ninguém se cumprimentava." Deixa pra lá!

O problema é que existem padrões a regular o que é certo, normal e comum, e essas três coisas são diferentes e não traduzem a individualidade de ninguém. Por mais que se estude a sexualidade, ela sempre será algo absolutamente individual e subjetivo. Todos os padrões de comportamento tendem a ser, de alguma forma, repressores.

Lembro-me de um papo com dois amigos, um deles gay, ouvindo nossas queixas sobre como mulheres eram complicadas e difíceis de lidar. Ele nos alertou para o fato de que um encontro entre um homem e uma mulher partia de uma boa dose de premissas que deixavam tudo mais simples. Por exemplo: beijo na boca, penetração, sexo oral em ambos, carícias nos seios e até mesmo a proposta de sexo, num primeiro encontro, seriam tidos como razoáveis ou aceitáveis. Entre dois homens, ele apontava, isso não é necessariamente verdade. Um dos dois podia não curtir beijo, ou os dois poderiam não curtir a ideia de serem penetrados, ou seja lá o quê. Em sua visão, cada um tinha lá a sua cota de "gosto" e "não gosto", e era preciso negociar as tais premissas.

Há pessoas que gostam de se vestir com roupas geralmente associadas com o outro gênero, mas não são necessariamente homossexuais. Há até os homens que se identificam como mulheres, querem se transformar, e nem por isso desejam transar com homens. Existe de tudo! Inclusive quem quer viver situações mais emocionais do que sexuais em encontros em que o gênero do outro tem muito pouca importância. Enfim, quero ressaltar as peculiaridades de cada um, e que os encontros servem para nos indicar um caminho e enriquecer nossas vivências em busca do prazer e da felicidade. Acho que o nome disso é individualidade.

Por isso as coisas efêmeras têm seu valor: são pequenas lições, consultas sobre possibilidades que precisam ser feitas, mas têm a duração de um poema e não de um romance. E vão significar muito, mesmo quando dão errado. Talvez e até mesmo por isso.

Arrastar correntes não é bom para a saúde. Carregar esqueletos no porta-malas existencial é um saco. Viver refém dos desejos não experimentados é completamente sem sentido. Por isso, afirmo que todo mundo, de alguma maneira ou em algum momento, precisa sair do armário. Principalmente os que são considerados, ou se consideram, normais, certinhos e comuns. Ninguém é! Se você só gosta do que os outros disseram que deveria gostar está sendo raso com seus sentimentos. Cada toque, cada beijo, cada palavra dita provoca uma reação ou deveria provocar. As fantasias encontram, ou não, eco em sua intimidade.

E mais: a gente vai mudando ao longo da vida e vão se esgotando certos desejos ou fantasias também. Uma hora você gosta de gente forte, na outra curte pessoas mais suaves, depois já prefere gente engraçada e daqui a pouco exige substância ou maturidade.

Nas práticas sexuais é a mesma coisa: uma hora é bom ser aventureiro e se envolver com gente estranha; na outra é bom estar apaixonado e se fechar em um círculo íntimo de revelações e segredos. É bom estar atento aos momentos, respeitá-los e dar vazão a eles.

Não acho que a gente tenha que tentar de tudo. Acho, porém, que é bom ler o cardápio inteiro antes de fazer a escolha. Quanto mais coisas a gente gosta, mais fácil se satisfazer. Mais versatilidade, menos tédio. Simples assim. Por isso, é bom conhecer suas possibilidades e dar chance a seja lá o que for que vai lhe trazer alegria de viver.

É importantíssimo saber que estar com alguém não cristaliza seu desejo nem o da pessoa. É fundamental conversar livremente sobre qualquer coisa que possa parecer divertida. A maior parte das fantasias se completa só ao ser reconhecida, ainda que não venha a se tornar realidade. O melhor que podemos ser é nós mesmos, diferentes de todos os outros. Por isso, acho bom jogar fora os padrões do que é certo ou errado, masculino ou feminino, devasso ou careta.

Sexo é superestimado. Não é o que move o mundo; o que move o mundo é o amor. O sexo é simplesmente uma belíssima forma de expressá-lo. Além de ser muito divertido quando dá certo... o que nem sempre acontece.

Terminado esse hiato em que procurei dar legitimidade aos caminhos inusitados e incomuns às coisas vividas pelo *frisson* do momento e a despeito de sua possível fugacidade, esclareço que essas experiências podem ser boas ou ruins, mas servem para acender alguma luz sobre nós mesmos. Não criar falsas expectativas em quem divide com a gente as páginas de nossa biografia faz parte de um princípio que acho fundamental: saber como começar e acabar histórias. Mesmo as menos importantes.

A arte de virar a página

Tem gente que acaba mal todas as histórias e não está nem aí. Vai queimando pontes e destruindo os "inimigos" sem fazer prisioneiros. Essas pessoas não carregam fantasmas e nem arrastam correntes, mas vão ficando inviáveis, pode ter certeza.

Começar um romance parece ser mais fácil porque há o desejo, que nos embaralha a visão e é difícil de controlar. Acabar uma história parece mais difícil porque sabemos que é a desistência de um sonho, de um projeto, de uma fantasia ou de um capricho. Há a angústia ou raiva nos motivando, e a força desses sentimentos negativos pode ser tão grande quanto a do desejo. Tomados pela dor ou pela surpresa de não fazermos mais parte da vida de alguém que quer a separação, não conseguimos imaginar que talvez aquilo seja o mais positivo que pode acontecer no momento.

É preciso muita elegância e delicadeza para não causar em si e no outro mais sofrimento que o necessário. Evitar dizer um monte de coisas que talvez fiquem mais na memória do que as coisas boas que foram vividas. Além de ter cuidado para não fechar a porta antes da hora e perder algum detalhe.

Pense nisso: ganhar um elogio de um ex-amor é ainda mais valioso do que o de um atual. Saber que alguém não compartilhará mais sua intimidade e futuro e, ainda assim, torcerá por sua felicidade é fechar com carinho uma página da vida. A última nota é a que vai ficar soando.

A interrogação, porém, permanece. Quando é a hora da última pincelada, do último parágrafo, da derradeira nota soar? É muito importante saber o que está acontecendo na obra em progresso: na vida e em cada um de seus capítulos. A história de seus amores poderá ser pontuada por bons começos e, acredite, bons finais. Quando digo bons não quero dizer indolores ou banais, mas bem-escritos.

Capítulo 6
Antes só do que mal-acompanhado

Há um preço a se pagar quando resolvemos sair para um programa qualquer sem a preciosa companhia de um amigo. Pode ser para um cinema, um jantar, uma gelada no bar, tanto faz. A imagem de alguém sozinho no restaurante na hora do almoço ainda guarda a redentora possibilidade da pressa para voltar ao batente; jantando só, ao contrário, há de atrair olhares piedosos e complacentes. Parece que a opção de estar só fere o princípio básico da sociedade que é se agregar para proteção contra todas as intempéries da vida. Há que se temer a solidão, porém, a verdade é que a *solitude*, o estar só sem ser só é, ou deveria ser, um bálsamo!

Pior ainda o julgamento silencioso do olhar alheio, quando dirigido a uma mulher que escolhe sair em sua própria companhia. Há quem olhe para a mulher que entra só no cinema e avalie: "Não conseguiu uma alma penada para vir com ela! Nem uma prima nem uma colega da firma!" Ou olham para meninas que estão batendo papo e rindo num bar e avaliam: "Estão ali tentando chamar a atenção. Chegaram na fase de pegar homem em bar." O que quase nunca é verdade, mas, e se fosse? Mulheres podem e devem sair sozinhas quando quiserem para fazer o que quiserem e isso não tem que, sob nenhum aspecto, significar uma derrota pessoal, social ou afetiva. É liberdade e só.

Homens, por outro lado, costumam fazer as coisas sozinhos sem muito zum-zum-zum alheio. No entanto, dificilmente se livram da cobrança, interna ou social, de que "sair para se divertir" tem que ser, necessariamente, para pegar mulher. O macho genérico sai para dar sua caminhada com o radar ligado. Olha pra cá, mensura uma bunda ali, confere um peitinho acolá, avalia se deve ou não abordar a moça do ponto de ônibus, vê algo de instigante na policial que passa, na mamãe que passeia com o bebê no carrinho e, não importa o que esteja fazendo, há que ter o ulterior objetivo de acrescentar vítimas à sua lista de conquistas. Isso guarda a justificativa: "Estou só, mas estou na caça." Ou seja: está só, mas é por enquanto. Está só sem querer estar. Sabe que não deve estar só. Em última análise, não pode.

Hoje a arte da conquista exige muito menos do sexo masculino do que em tempos passados. Tem muito mais mulher interessante do que homem. Fato. A disputa entre elas é cruel. Um cidadão meio mais ou menos, sem graça, de estatura e brilho medianos, só fica sozinho se quiser. Se for limpinho e tiver um mínimo de traquejo social, ele se arruma. A mulher precisa lidar com mais obstáculos. Principalmente o julgamento das outras, as concorrentes. E o seu, que há de ser também implacável. Como gostam de botar defeitos em si mesmas!

Por isso a vantagem de amizades entre os gêneros: uns hão de abrir os olhos dos outros. Se forem sinceros, hão de ser muito úteis aos amigos que estão querendo conhecer alguém. Os caçadores ou cientistas em busca da fórmula do amor precisam trabalhar em parceria. Ou deviam.

Mas voltemos ao hábito de procurar alguém o tempo todo. Vemos nas mulheres a preocupação eterna com o visual. Principalmente quando estão solteiras. Elas usam aqueles sapatos desconfortáveis com o salto altíssimo porque precisam ser notadas. Eu noto. Que estão de mau humor por causa do sapato que ninguém pediu para elas comprarem por uma fábula e que só serve para machucar seu pé, doer sua panturrilha, deixá-las rabugentas e fingindo ser menos baixas. Bom, elas acham que precisam estar atraentes o tempo todo.

Menos em casa, quando já conquistaram alguém. Este, o escolhido, tem que conviver com o rascunho. A arte final é só para os que estão nas ruas. Ou, corrigindo, a preocupação é a concorrente, a outra, a que esconde por trás dos óculos escuros da dissimulação o pior dos julgamentos, sempre.

Tanto o homem que está sempre ávido, na caça, quanto a mulher que está sempre vestida para encontrar o amor de sua vida são casos perdidos. Em geral, nada acontece para quem está "empenhado", a não ser os extravios. Como os erros de cálculos que acontecem depois que você está por horas procurando uma calça no shopping e resolve comprar a que lhe pareceu melhor, mas que, depois de um tempo, percebe que nunca vai usar. O cansaço, o excesso de opções, tudo o leva a crer que "de repente rola" quando, na verdade, o que o está motivando é a necessidade de escolher logo e ficar livre do mico-preto. Por isso a analogia, porque sair do shopping e não ter que voltar lá tão cedo é o mesmo que sair com alguém cuja campainha interior avisou que não é uma boa aposta.

Estar só não é, necessariamente, ruim. Estar na companhia de alguém que, nem precisa ser desagradável, mas não tem nada a ver com você, é frustrante. Ou resulta em uma história desinteressante.

Homens, em seu estado mais tosco, costumam dizer que não existe mulher feia, e, sim, pouca bebida. O "dever" do homem é sair acompanhado seja lá de onde quer que tenha entrado sozinho. Reclamar da falta de atrativos de uma pretendente é, por sua vez, falta de hombridade. O "espada" não deve recuar diante de nenhum dragão! Estou falando do macho genérico, que fique bem claro.

A pressa é a inimiga da perfeição

Na caça, as avaliações masculinas são sempre muito superficiais. Por isso, eles se metem em tanta confusão. Uma mulher de aparência comum e com más intenções não encontrará muitas dificuldades em arrastar um cidadão para a cama e, com alguma sorte, engravidar dele na primeira noite. Existe homem burro e existe muita bebida.

Mulheres podem se meter em frias também, principalmente quando estão alegrinhas. Os caras que chegam pegando, beijando direto, são brucutus, homens das cavernas, mas algumas acham que isso se dá porque eles são machos alfa. Ou porque elas são absurdamente atraentes a ponto de o cara perder a noção da realidade. Sei. Existe mulher burra e existe muita bebida.

É natural que os solitários, os solteiros, os disponíveis estejam antenados para o caso de alguém despertar o interesse. A pressa é que é o inconveniente. Muitas vezes as pessoas acham que estão apaixonadas quando, na verdade, estão é com pressa. Pressa de entrar e, logo depois, pressa de sair da intimidade alheia. Todo mundo espera alguma coisa de um sábado à noite, é sabido, mas achar que amores instantâneos vão surgir e dar um sentido à vida, assim, do nada, é muito otimismo. Melhor se precaver.

Mulheres são tapeadas pela capacidade de fantasiar. Homens são iludidos por pensarem mais com o desejo do que com racionalidade. Eles são pressionados pela necessidade de parecerem garanhões e elas, pela necessidade de serem validadas por um interesse masculino, quando não um relacionamento estável.

Claro que há a chance de encontros mágicos e instantâneos. Mas estes costumam se dar entre aqueles que não estão procurando. O amor adora amarrar os incautos, os distraídos e até os que o evitam. O amor não é um fruto que nasce onde o plantam. É mais aquele matinho que pinta nas frestas do concreto ou na beira do asfalto. É, por assim dizer, uma praga.

Uma amiga narrou a história do fracasso dela, e de um grupo dedicado de amigos, em tentar trazer de volta ao círculo uma moça que enviuvara. Ela perdeu o grande amor de sua vida e, jovem, resolveu se enclausurar. Essa minha amiga e os outros do círculo faziam convites de todo tipo e ela sempre recusava. Aceitava visitas e era afável, mas não saía de casa. Não se interessava por nada e, óbvio, por ninguém. Passados uns dois anos, os tais amigos, temendo as consequências daquele comportamento arredio, começaram a tentar marcar encontros, apresentar alguém, mas a viúva os repreendia depois que levavam alguém em sua casa. Dizia que reconhecia as boas intenções, mas não estava interessada. Dispensava, reiteradamente, os amigos da tarefa de lhe conseguir alguém.

Aconteceu que ela teve um problema de saúde, uma grave crise de hemorroidas, e precisou ser operada. Só conheceu o cirurgião na mesa de operações. Pois a tal mágica ocorreu justo ali. Ela, naquela posição, imagine, bateu os olhos no médico, ele idem, e o amor fez seu serviço. Casaram-se pouco tempo depois. Pois é, e tem gente imaginando que uma lingerie velha pode atrapalhar um encontro amoroso.

Se você está nas ruas, na noite, na pista, no boteco, querendo conhecer alguém, está naquele mar revolto das carências e atrasos onde a quantidade de oferta acaba por oprimir em vez de confortar. Até pode ter gente bacana nesses lugares, disponíveis e com potencial para um bom encontro. Mas as chances de agirmos bem diante dessas circunstâncias é que são raras.

O homem que não quer voltar para casa "abraçado com um dragão" se previne antes de sair. Para os homens solitários, devo dar um conselho sincero: faça justiça com as próprias mãos, regularmente. Se, antes de sair de casa, para uma festinha ou balada, o cidadão atenuar um pouco suas necessidades, a chance de se meter com quem não tem nada a ver é reduzida. Se o atraso for muito grande e estiver na fase em que olha para a madame Min e acha que ela até dá um caldo, não custa nada se satisfazer duas vezes. Antes! Lembro de um amigo que tinha um mantra: "depois da 1h qualquer uma". Pois um dia ele amanheceu com uma criatura que ele dizia ser insuportável, e não estou falando de beleza, dormindo sobre seu braço em um quarto inóspito de motel.

Ele acordou, segundo seu próprio relato, viu a imagem no espelho do teto e começou a avaliar a possibilidade de roer o próprio braço, como fazem as raposas para fugir da armadilha, a fim de sair de lá sem despertar seu desafeto e ter a necessária conversa no café da manhã. Ainda pior, o caminho de volta para casa, com direito a cafuné no pescoço teso, foi seguido da pergunta: "Quando é que a gente vai se ver de novo?" Quem já fez uma burrada dessas sabe do que estou falando.

Estou, até aqui, evitando falar nas possibilidades criminosas que podem existir nos encontros com desconhecidos. Essas possibilidades são muito mais ameaçadoras para mulheres, é claro. Refiro-me a coisas mais corriqueiras: das experiências desagradáveis que podem ser evitadas. As que, na melhor das hipóteses, são perda de tempo e manchas no currículo. Mas não é por causa do que vão dizer ou pensar que você vai evitar que seu passado seja um dálmata. É por amor próprio.

Capítulo 7
O sexo pago, este sobrevivente

É curioso que o sexo pago tenha sobrevivido à liberação sexual decorrente do aparecimento da pílula nos anos 1960, à quantidade de informação erótica e pornográfica circulante na internet bem como à facilidade de aproximação proporcionada pelas redes sociais. Ouvimos, com frequência, que faltam homens — ou seja, que tem mulher sobrando. O sexo casual também não é nenhum tabu, bem como a amizade colorida ou o sexo entre amigos. A prostituição, porém, perdura, apesar de tudo que poderia minar sua existência. A que se deve isso?

Eu, que não sou e nunca fui um entusiasta do tema — nessa área dou preferência aos amadores —, vou aqui tecer minhas suposições. Há algo de revelador nessa popularíssima prática que mantém as gerações excitadas. Digo que não sou entusiasta da prática, mas compreendo sua legitimidade, desde que respeitados os limites fundamentais da dignidade humana, da evidência de consensualidade etc. O sexo pago tem lá suas vantagens.

O contrato que se dá entre quem paga e quem presta o serviço compreende, de cara, que há um cliente a ser satisfeito e alguém que presta um serviço porque precisa, ou gosta, ou tem habilidade e escolheu aquela profissão entre tantas outras. Não sendo essas as prerrogativas, acho que estaríamos falando de tráfico de pessoas, estupro e outros crimes. Aqui vamos discutir uma opção: a de duas pessoas ou mais, conscientes do que estão fazendo e, de alguma maneira, satisfeitas com a escolha.

Recordo-me de estar passeando pela turística zona da luz vermelha em Amsterdam e de ter observado um homem com macacão e capacete, uniforme de quem trabalha em companhia elétrica ou de gás, esperando na porta de uma daquelas vitrines. Daí a mulher saiu, trancou a porta e foram os dois embora de mãos dadas. Ficou óbvio para mim que era o marido buscando a mulher na porta do trabalho, o que me pareceu civilizadíssimo. A prostituição é legal na Holanda, e naquela área da cidade em que os favores sexuais são vendidos e praticados também existem escolas e igrejas, ou pelo menos existiam.

Entre nós a coisa é diferente. Tudo é meio que por baixo dos panos. E muitos maridos não sabem que suas mulheres se prostituem, assim como a imensa maioria das mulheres não imagina que seus maridos são frequentadores assíduos das profissionais do sexo. Não me lembro de ter lido estatísticas sobre o assunto, mas tenho a impressão, e não devo ser o único, de que o homem é o maior interessado no sexo pago, seja ele gay ou hétero.

Afinal, por que se compra e vende o que, em tese, pode ser conseguido de graça? E os homens de programa? Estes parecem apontar um fato novo: mulheres estão dispostas a pagar por sexo. A igualdade entre os gêneros também disponibiliza estas opções: homens heterossexuais que querem se vender e mulheres dispostas a pagar por seus serviços.

O homem que procura a prostituta não necessariamente é o casado que quer variedade. Ou o solteiro que, destituído de maiores atrativos ou com algum problema físico ou psicológico, tem dificuldade para desenvolver relacionamentos amorosos e sexuais. Sexo pago é só mais uma opção. É como se fosse um filme em cartaz: difícil saber quem é que vai assistir e o porquê. Não é que as pessoas precisem, mas sim que elas desejam o sexo pago.

Pudor e despudor

Já afirmei isso antes e repito: expor-se, sem pudores, é difícil para todos, em maior ou menor escala. Tirar a roupa da alma e não levar o personagem para a cama exige cuidados e planejamento. Estar com uma desconhecida num quarto pode ter algo de terapêutico. Você pode mentir e dizer o que quiser. E essas mentiras podem ser mais reveladoras do que o seu discurso habitual, do personagem que circula por aí, fazendo o que acha que seria aprovado pelos outros, inclusive na cama. Mentiras sinceras interessam!

O segredo ou a discrição que envolve o sexo pago é, por si só, uma justificativa, pois você pode fazer o que quer sem ser julgado. Assim como foi para a Bela da Tarde — a emblemática personagem do filme de Buñuel —, a prática libertadora de fantasias inconfessáveis pode oferecer um espelho bem mais nítido para que alguém possa vislumbrar a própria intimidade. Do que você quer brincar? Existe alguém ali que topa entrar nessa com você.

E como você pode ter certeza de que não verá aquela pessoa outra vez, não precisa se importar com a possibilidade de ser avaliado. Há coisas que alguém talvez tenha a maior vergonha de dizer ou fazer com quem ama, mas consiga realizar sem nenhum pudor com um estranho, exatamente porque é desconhecido. Há jogos sexuais mais complexos do que os que são comentados nos salões. Essas práticas talvez nem sejam tão incomuns, mas por algum motivo são mantidas em segredo. Talvez algumas coisas devam mesmo ficar protegidas das avaliações de quem não é cúmplice. Se alguém quer ter segredos, que tenha.

Aquele que tem vontade de dar uma volta pelo lado selvagem da sexualidade teme ser julgado ou estigmatizado. Aí reside o problema: levar um golpe nessa área tão sensível de nossa psique pode ser difícil, tanto pela dor quanto pelas limitações que podem surgir.

Acho que exemplos não são necessários. Basta dizer que, com a mesma confiança que abrimos a boca no dentista, também vamos tirar a roupa diante de alguém que contratamos para viver um momento de prazer. Há uma confiança ou um desapego implícitos.

Estou aqui considerando que você está no papel de quem contrata e não de quem é contratado, mas apenas porque imagino que meu leitor ou leitora esteja procurando um jeito melhor de viver seus amores e sexualidade ou adore pensar nesses temas. Mas se você se imagina vivendo o outro lado, só quero afirmar uma coisa: ninguém tem o direito de julgar o desejo do outro, desde que seja consensual, entre pessoas suficientemente maduras para o ato e, é claro, respeitem o limite da saúde. Existem infinitas fantasias disponíveis para se brincar no carnaval dos desejos libertadores e inconfessos.

O fato é que o sexo pago pode ser bom para quem paga e para quem vende. E muito perigoso. Claro que mulheres e gays correm mais riscos e o noticiário policial tem inúmeras provas disso. Garotos de programa já mataram muitas vezes e de forma muito cruel. Talvez por isso as mulheres não se sintam tão à vontade com essa opção. Violência existe e as pessoas nesse ambiente estão expostas. Casos de prostitutas agredidas também são comuns ainda que raramente fatais. Fechar-se em um ambiente com uma pessoa estranha pode ser muito arriscado. "Boa-noite, Cinderela", humilhações, agressões, chantagem... as possibilidades existem e é bom ter consciência disso.

Por outro lado, imagino que aquele que oferece esses serviços curta o fato de se sentir desejado e também aprecie, de algum modo, dar prazer. É um trabalho! Trabalhos não são necessariamente uma diversão, mas também não devem ser castigos. O desejo alheio é um forte afrodisíaco. O outro, o que paga, pode viver o prazer em várias instâncias: a companhia, o papo, a prática despreocupada de seja lá qual for a fantasia ou fetiche, o lance somente físico ou incluir o psicológico (fica à escolha, podendo até misturar). Possibilidades. É sobre isso que trata o sexo pago.

O que é pago não é o prazer sexual. O prazer é consequência. Paga-se pelo descompromisso. Paga-se para a pessoa ir embora sem perguntar nada, sem dar notícias, nem esperar telefonema no dia seguinte. Paga-se para que a experiência, boa ou ruim, não seja contada. Paga-se pelo sigilo e pela discrição, pela atenção e pelo poder de ser quem determina os limites e as regras.

Uma vez participei de uma reportagem sobre despedidas de solteiro em um motel tradicional do Rio de Janeiro. Hoje em dia, as mulheres andam fazendo suas festinhas ali também, embora não sejam tão frequentes quanto as dos homens. Os profissionais que me responderam, sempre muito discretos, afirmavam que as coisas eram bem diferentes nas despedidas deles e delas. Homens costumam convidar o dobro de mulheres para a festa. As mulheres ou convidam um só, para dançar e fazer strip-tease, ou convidam um para cada uma das presentes. Moças finas, lindas, elegantes, jovens, pagando por sexo? Sim. Elas podem. E talvez se sintam mais seguras em uma situação assim, em que estejam de certo modo protegidas pela presença (cúmplice e acolhedora) de amigas.

Não é para ter uma boa imagem que a gente faz o que faz na intimidade. É para ter prazer. O que outros vão pensar? Que queriam estar no seu lugar. O que vão dizer? Não importa. Se a gente for pautar a nossa felicidade pela opinião dos outros, estaremos sempre distantes de nós mesmos. Paciência.

Capítulo 8

Pornografia de salto alto e afins

Na minha infância e no começo da adolescência, ouvi muito falar de um líquido milagroso que, se adicionado à bebida de uma moça, por mais casta que fosse, fazia com que a criatura subisse pelas paredes feito uma lagartixa profissional, encalorada pelos mais fulgurantes desejos libidinosos. Era um milagre, o tal "tesão de vaca". Nunca vi, só ouvi falar. Nessa época, também ouvi dizer que, para as mulheres, a bebida afrouxa as calças. Era um mantra! Se a moça topasse beber é porque queria dar. Batata! Na mente imatura dos rapazes daquela época, faltavam argumentos para convencer as meninas a viver sem culpa os prazeres do sexo. Essas invenções ou crenças pareciam um alívio, pois estava claro para todo mundo que o sexo parecia ser um interesse exclusivamente masculino. Era uma coisa que o homem tinha que pedir. Ele pedia, ela dava. Convencê-la era a tarefa que o qualificava como bom de lábia, quando essa característica deveria significar algo bem mais eficaz.

O que era mito em minha juventude hoje é um nicho de mercado em expansão e vários produtos já foram lançados pelos laboratórios farmacêuticos. Apelidados de "Viagra feminino", tais produtos não podiam ter recebido apelido mais impreciso. Não há nada de disfunção erétil no anseio feminino em aproveitar mais as delícias do sexo, embora, pelo que li sobre o tema, a maior circulação de sangue na região genital seja uma das características da excitação e aumente a sensibilidade na área.

Pode ser verdade, mas os produtos endereçados ao aprimoramento da vida sexual feminina estão focados no aumento do desejo e da libido, e o Viagra não atua nesse departamento. Esses remédios são versões modernas e com embasamento científico do antigo elixir que dava às mulheres a disposição para o sexo de uma vaca — se é que vacas são tão fogosas assim. Enfim, os laboratórios andam preocupados com o fato de que muitas mulheres reclamam do incômodo que lhes causa o pouco interesse em sexo, às vezes por períodos muito longos. Muitas não têm orgasmos. Li em algum lugar, mas não juro para ninguém, que grande parte das mulheres reclama de alguma insatisfação quanto à vida sexual. Isso inclui a falta de desejo, de lubrificação, de orgasmos, de um parceiro com quem ela se sinta segura etc. Ou pode ser tudo isso junto.

Há sempre quem avalie, sem maior embasamento, que o problema está na cabeça da mulher ou em seu relacionamento, mais precisamente na falta de qualidade do mesmo. Às vezes até elas mesmas fazem isso, assumindo mais uma culpa indevidamente. Traduzindo: um parceiro pouco sensível ou empenhado. Claro que a falta de relacionamentos, ou de qualidade nos que existem, é um fator relevante. Para quem não está com um pingo de fome, nenhum prato é muito apetitoso. É fato que às vezes o tesão não fica aceso o tempo todo, mesmo (ou especialmente) nos relacionamentos mais longos e estáveis.

Será que devemos lançar mão desses recursos? Mulheres costumam se sentir ofendidas quando o parceiro diz que vai tomar um remédio para disfunção erétil antes de transar. Elas costumam avaliar que se o cara vai usar esse recurso significa que elas não despertam o tesão dele como deveriam.

Mas o remédio não é para uma disfunção no desejo, é para uma maior circulação de sangue no local e para uma ereção melhor e mais durável. A mulher deveria se sentir homenageada pelo interesse do homem em se apresentar nos trinques, com tudo em cima. No entanto, os homens não costumam ficar ofendidos quando as mulheres anunciam que gostam de tomar uns drinques para relaxar antes da transa. Eles também poderiam fazer um drama do tipo "você só consegue dar para mim quando está de porre?", mas acho que o prazer em fazer drama não é maior do que o de fazer um chamego na mulher quando ela está altinha.

E que fique claro: homem que se preze não gosta de transar com mulher bêbada. É covardia. Pode ser que os bêbados curtam, se conseguirem uma ereção. Pois é. O álcool relaxa, e o que precisa ficar teso acaba flácido. Compreenda. Não é o cara, é a birita.

Voltando aos medicamentos que podem aumentar a libido e intensificar o prazer das mulheres, imagino que, como tudo relacionado a sexo, essas opções serão experimentadas, sim. O problema é que isso vai acontecer em segredo. Assim como os homens compram revistas de mulher pelada, assistem a canais eróticos na TV a cabo ou alugam filmes pornôs, as mulheres fazem as mesmas coisas e, da mesma forma, escondem de todo mundo.

Uma conhecida minha foi dona de uma locadora em Ipanema durante muitos anos. Ela contava que era comum os casais passarem lá depois do trabalho para escolher um filme e, entre outras fitas, os caras sugeriam alguma pornografia. As mulheres acabavam topando, mas faziam cara de "já que ele precisa, deixa". Às vezes até vetavam algumas. Minha amiga contava que de fato as mesmas esposas que demonstravam enfado ao lado dos maridos passavam na locadora de manhã, alugavam um filme pornô e devolviam à tarde, antes que ele voltasse. E até recusavam algumas fitas, porque já tinham assistido. A dona da locadora indagava: "Mas se elas gostam e os maridos também, por que elas veem escondido?" E a dúvida permanece.

Na real

Assistir pornografia pode ser excitante para homens e mulheres e dar um tom libertador ao encontro do casal, propor brincadeiras, apontar fantasias, novos caminhos, sei lá. No mínimo o som de gemidos pode ser um bom fundo musical, já que ninguém vai ficar de olho na TV durante o ato. Porém, existem algumas advertências que precisam ser dadas antes que o recurso da pornografia seja usado em um encontro sexual, a fim de preservar a sanidade das moças que estão vendo e, principalmente, para fazer com que elas fiquem excitadas, e não deprimidas.

A primeira coisa que me chama atenção na pornografia é a obsessão por transar de sapatos. As mulheres sempre estão calçadas na hora do sexo e, em geral, com sapatos comumente usados por *drag queens*. Não sei se o salto agulha pode ser perigoso durante o rala e rola ou não, mas que são esquisitos, são. São sempre saltos altíssimos, que podem ser incômodos para andar e fatais se, por acidente, acertarem determinadas partes do corpo. Uma mulher de meia soquete não vai deixar homem nenhum traumatizado, com certeza, mas trepar com uma bota até o joelho? Bom, se os dois curtem, quem sou eu para dar palpite. Mas a minha opinião no caso dos filmes pornôs é a seguinte: como o chão do estúdio deve ser sujo, eles calçam as mulheres para que não pinte nenhum close de pé preto. Pé imundo corta tesão. E os pés delas vão sempre estar ou para o alto ou em cima da cama, mesa, seja lá qual for o cenário.

A amiga leitora não deve, portanto, ficar encanada por estar descalça na hora H. Pés femininos descalços são um sinal de intimidade. Já reparou que, em festas, as mulheres tiram os sapatos quando estão relaxadas e felizes? Pois é.

A depilação total também não é uma obrigação. Em pornografia não se acha um pelo no braço que seja. Todas as peles são lisas, e os pelos, que esconderiam os astros e estrelas dos filmes (os órgãos sexuais dos atores), não são bem-vindos. Não se intimide com isso. Pelos não são indesejáveis. Tem quem prefira poucos ou só em determinados lugares. Eu diria que os homens preferem não encontrar pelos em lugares onde querem ficar com a boca por muito tempo. Pelos ao redor do mamilo, por exemplo, não vão fazer sucesso. O "triângulo das bermudas" é um charme e uma referência bastante popular, podendo ser aparadinho ou não. Acho que as áreas onde a boca da mulher costuma pousar também são as que os homens deveriam pensar em depilar ou pelo menos dar uma aparada.

Tenho uma amiga que adora o marido de barba mas não suporta sovaco cabeludo. Eu entendo a preferência dela. Não, não acho que ela goste de beijar sovaco — o que ela não quer são os pelos suados encostando no ombro quando os dois se abraçam. Quero dizer que o que parece uma regra fundamental para os atores pornôs nem sempre significa um desejo latente de quem consome pornografia. Entre outras coisas.

Os órgãos genitais dos atores pornográficos podem fazer com que a maioria dos mortais se sinta inadequado. Ainda mais mulheres que já costumam implicar com a aparência — e até com os nomes populares — da sua pequena flor. Não gostei do eufemismo. Pequena flor? Ora, vamos! O nome que a gente gosta é "boceta". Perdoe a sinceridade, mas, se lhe parece mais confortável, posso usar um atenuante: "xoxota". Melhorou? "Pepeca" eu não curto porque acho que estamos falando de pornografia e, portanto, de mulheres adultas. E mulheres adultas não têm pepecas. Têm bocetas. Ou, se preferir, xoxotas. Sério, é complicado falar sobre o órgão das mulheres porque, embora elas não se ofendam nem um pouco com caralhos, paus, pintos, pirus e picas, acham qualquer apelido para a vagina que não seja um eufemismo radical "de mau gosto". Acho libertador que uma mulher diga boceta em voz alta. Do mesmo jeito que ela diz "Caralho!". Bom, fica a dica.

Permitam-me um pequeno desvio para contar uma anedota. Uma vez, uma amiga me disse que existem três tipos de mulher: as que têm vagina, que são aquelas que fazem amor; as que têm xoxota, que são aquelas que transam e, de vez em quando, dão uma trepada; e as que têm boceta, que são aquelas que fodem pra caralho. Dito isso, peço desculpas pelo meu francês e voltemos ao tema.

Se seus genitais não foram operados, devem ter lábios irregulares, seus peitos podem apresentar alguma diferença de tamanho entre um e outro, o pau do amante pode ter aquela pele na ponta e tudo bem! Enfim, cirurgias não são uma necessidade. Ao contrário: devemos evitar ao máximo e só fazer as que forem imprescindíveis. Mas os atores pornôs, em geral, submetem seus atributos a toda e qualquer intervenção cirúrgica que se faça necessária aos olhos de quem usa o Photoshop nas fotos das revistas. Pelos, pele, peitos, tudo vai ser transformado para parecer "perfeito", e essa perfeição não é real. Melhor dizendo: é tão real quanto os retoques digitais feitos nas mulheres das capas de revistas. Ninguém nasce daquele jeito ou é assim. É tudo truque.

Outra coisa que pode deixar a mulher normal cabreira é o foco no prazer do homem. As mulheres da indústria pornô parecem estar numa competição para ver quem dá mais prazer. Quem é a mais poderosa? Quem vai ganhar o cachê mais alto por ser a melhor trepada do universo? E, curiosamente, a maioria dos homens parece não ligar a mínima para o prazer das mulheres. No mercado pornô, os caras são muito específicos, ficam focados nos órgãos genitais, em bombar até deixar a criatura assada e a mulher, para espanto geral, goza horrores com isso! Nesses filmes, elas gozam fazendo sexo oral no homem! — e sem se masturbar! Ou não era esse o plot do seminal *Garganta profunda*? Ah, sei lá o porquê, as atrizes gostam muito de engasgar com o pau e também de babar litros no processo. Não sei se isso dá prazer a eles ou a elas mesmas, mas, em se tratando do mundo da pornografia, parece não haver diferença entre uma coisa e outra, não é mesmo?

São tendências que vão mudando, como no mundo da moda, propondo novas práticas ou se observando as práticas que estão em voga. Porém, se encontram aprovação mercadológica, e a pornografia é um dos maiores negócios do mundo do entretenimento, é porque tem gente curtindo ver e, talvez, praticar aquilo.

A mulher comum não deve se sentir oprimida por essas mulheres que gozam tão facilmente nem os homens devem se sentir inadequados por não terem paus de, no mínimo, vinte centímetros. Mais: nem todos são circuncidados. Embora as mulheres de *Sex and the City* tenham apelidado os dessa categoria de "shar peis", no mundo real homens assim são muitos, e não é isso que vai torná-los inviáveis, pelo menos aos olhos da mulher brasileira.

As mulheres também conseguem gozar com parceiros com pinto menor do que o de um ator pornô. O pinto não é uma varinha mágica que produz orgasmos femininos. São vários os elementos e as práticas que podem dar prazer a uma mulher. O uso de vibradores e pênis de borracha também podem ser úteis e divertidos para quem quiser algo mais. Criatividade, tesão, sensibilidade e prazer é que são fundamentais.

O orgasmo vaginal e simultâneo é um mito platônico/freudiano, ou seja lá o nome do troço, dos mais fajutos. Não devíamos nos comparar com esses fenômenos sexuais ficcionais nem tentar fazer aquelas posições atléticas e desconfortáveis. Não é saudável. Ah, existem muitas posições, mas nem todas são satisfatórias para todo mundo.

Orgasmos não são tão simples, nem para homens, nem para mulheres. Saber se controlar e chegar ao clímax na hora desejada exige experiência, autoconhecimento e paciência, e não vai rolar toda vez. Uma hora pode pintar rápido demais, na outra, demorar, mas isso não importa. Um gozar antes do outro? Desde que o foco da brincadeira também seja dar prazer, é normal. Dar prazer é bom. Mostrar ao outro o prazer que ele nos dá, idem. Deve existir uma comunicação, e nos filmes isso é estritamente físico e mecânico. Tem uma equipe ali, e o foco é ajudar quem assiste a se excitar pensando só no próprio prazer. O interlocutor de todo filme pornô é o cara solitário — ou a mulher — se masturbando.

Você está com uma espinha na bunda? Não se depilou? Não se intimide: existe vida sexual fora dos cenários da pornografia. Ah, não tem peitos enormes e duríssimos? Então é uma mulher como muitas outras. Não é muito bem-dotado? Bem-vindo ao mundo dos mortais. As mulheres não dependem disso para gozar. E, se for o caso, compre um vibrador GGG. Dê o que ela quer! Com certeza o resto você tem.

Importante é que os homens também não se sintam cobrados para estarem sempre dispostos a uma trepada. Nos filmes pornôs, o cara vai entregar uma pizza, a madame abre a porta e o convida para entrar pois quer dar pra ele uma gorjeta e muito mais. Ele imediatamente abaixa a calça e mostra uma excitação lustrosa e absurda. Não pensa se vai aparecer um marido maluco, se aquilo é uma pegadinha de TV de baixo nível, se a mulher é uma doida, se tem alguma doença, nada. Não pensa se está a fim, se acha a moça ou a situação interessantes, se existe alguém que ele ame e queira em vez daquela sirigaita oferecida. Ele simplesmente vai lá e come. Infalível como uma máquina. É só apertar o botão e o pau está duro e o desejo, firme.

É curioso que homens ganhem menos na prostituição e na pornografia — afinal para estar de pau duro o cara tem que ter pelo menos um pouco de tesão. E é esse tesão que ele vende, enquanto a mulher não precisa vender mais do que seu corpo. Ainda que ela possa ter tesão no seu trabalho, este não está à venda. No entanto, elas são as verdadeiras estrelas do ramo, pois quem paga pela pornografia, assim como pela prostituição, são em geral homens pouco interessados em seus desejos.

Outra coisa que chama atenção na pornografia é que quase todos são muito jovens. Será que é mais "sujo" o sexo entre pessoas maduras? Será que é muita devassidão, até para o mundo da pornografia, o desejo de mulheres com mais idade? Ou será que no sexo "ideal" todos gostamos de pensar que somos perfeitos, garanhões infalíveis e messalinas irresistíveis? Talvez seja isso. Esse é o efeito colateral para o qual venho tentando alertar você, que aquece seus encontros ou diminui sua solidão com imagens pornográficas. Aquilo tudo é ilusão, fantasia, mentirinha!

Devo apontar aqui, também, que é consenso no mundo masculino que a transa entre duas mulheres é perfeitamente aceitável, mesmo quando elas estão com as unhas bem compridas e caras de tédio, como a dizer: "Na hora em que chegar um pau isso aqui vai ficar bem mais animado." Sim, de fato as pessoas costumam ficar menos chocadas com a transa entre duas mulheres do que a de dois homens. Homens héteros, em tese, acham brochante ver dois homens interagindo, mas se excitam com duas mulheres. Nos filmes endereçados ao mundo hétero, a presença de contatos entre mulheres é maciça. No ambiente de *swing* é a mesma coisa: são as mulheres que fazem as aproximações e determinam os limites e as carícias entre elas. É quase que um padrão enquanto o contato entre homens é definitivamente inadequado.

Talvez existam mulheres que assistam a filmes gays, para ver sexo entre homens, mas não é, evidentemente, produzido pensando nelas. A pornografia feita para a mulher é mais cuidadosa com adereços visuais e enredos, pois a narrativa é tão importante quanto o sexo em si. É um segmento da pornografia que está crescendo muito e se mistura com outro, tradicional, chamado de *soft porn*, em que os órgãos sexuais não aparecem durante as peripécias. Os filmes para mulheres mostram, também, o sexo entre mulheres, mas não o sexo entre homens.

O fato é que, na cabeça de um homem, a bissexualidade é uma coisa muito mais "aceitável" entre mulheres, principalmente quando há um homem envolvido. Elas podem ter desejo sem que isso implique em quebrar barreiras ou assumir outra orientação. Para um homem não é uma experiência que, sendo boa ou não, será sem maiores consequências; é um estigma. Será que deve continuar sendo? Afinal, o que há de diferente na experiência ou curiosidade delas e deles? Fica a questão.

Estamos falando em pornografia, algo que é visto em segredo e continua maldito. Existem, sim, as pessoas que odeiam, que são pudicas ou que não se interessam. É evidente, porém, que o que está sendo visto e fazendo parte do repertório erótico das massas é algo que se vive ou o que se gostaria de viver. Pelo menos no mundo da fantasia.

Gosto da ideia de que a ciência esteja interessada em descomplicar o desejo feminino, esse permanente e poderoso mistério. Gosto mais ainda de saber que homens estão se debruçando na questão em casa e no trabalho! É bom saber que as mulheres não estão conformadas com o sexo insatisfatório assim mesmo e ponto final.

Sexo não é a coisa mais importante da vida; é superestimado. No entanto, devemos tentar aproveitar dele o máximo possível. Faz um bem danado. E é gostoso como poucas coisas podem ser.

Capítulo 9
Figurinha repetida não completa álbum

O que leva uma pessoa a ligar bêbada para um ex às quatro da manhã, vinda de uma balada? Ela telefona e pergunta, com voz melosa: "Você estava dormindo?" Claro que não! Aquele que não tinha notícias do "fantasma" há séculos não faz outra coisa nas madrugas além de esperar pelo fatídico telefonema! Quais as chances de isso virar uma ressaca moral, além de física, no dia seguinte? Pois é. A gente faz essas coisas.

Homens que estão na seca, ou seja, sem contato físico íntimo e prazeroso com alguém que desperte o desejo deles, ou como preferem descrever, que fale ao pau, podem ser vítimas desses arroubos. A ideia é que aquela velha conhecida, com quem ele não quis assumir um relacionamento sério, mas que era uma boa companhia, pode querer apostar em mais uma tentativa.

O cara está na pista, solteiro há algum tempo, e nada lhe chama a atenção. De repente aquela que ele já experimentou, mas que não despertou grandes paixões, pode merecer uma segunda conferida. Falando sinceramente, algumas decisões masculinas no campo amoroso podem realmente acontecer assim: eles fazem um test drive geral e, depois, resolvem ficar com alguém que de início não parecia ser a escolha ideal e que, depois de observar tudo o que lhe parecia disponível, acabou sendo a melhor das opções. Ou a menos pior.

Homens podem ser pragmáticos embora possam ser vítimas dos próprios instintos. Aparece um rabo de saia disposto a agradar e eles caem fácil. Chega a ser patético como os homens podem achar que estão escolhendo quando são, de fato, escolhidos. E nem sempre a mais interessante é a que vai à luta. Uma mulher menos desesperada pode estar observando o cara, esperando um movimento dele ou dando um tempo até que tenha certeza. E aí vai outra lá e, com a mais tosca das ações diversionistas, faz o cara perder o foco e dá-lhe uma chave de pernas tirando-o do páreo.

É impressionante a quantidade de vezes que você vê um cara reclamando que pegou a irmã errada ou a amiga da que realmente lhe interessava. Homens em geral, antes da maturidade, são impulsionados pelos próprios hormônios a fazer escolhas erradas. Talvez a "obrigação" de pegar mulher, de ser conquistador, de ser bem-sucedido na caça os deixe assim. Ou pode ser burrice emocional mesmo.

Ficar esperando para ser escolhida é meio maçante, é verdade. Contudo, ter que escolher entre criaturas que se disfarçam também é complicado. Maquiagem, tinta de cabelo, salto, risos com a cabeça para trás, aquele jeitinho de olhar e de fingir desinteresse, os joguinhos mentais... tudo isso é parte do arsenal feminino. De alguma maneira, é uma vantagem ficar na trincheira esperando o outro atacar.

Homens erram muito em suas avaliações, mas isso não é, de todo, culpa deles. É o tal do dom de iludir, creditado a elas. No entanto, se as pessoas não tentarem, como vão achar o que lhes convêm? Vai que a sorte está ao lado.

Medo de ouvir não

A questão é: por que repetir o que inicialmente parecia um erro? Um homem pode voltar atrás por achar que, se a moça estava a fim antes, por mais que a tenha decepcionado, ainda pode haver uma chance. Ter dado um perdido na mulher, sumido de sua vida, deixando silenciosamente a informação de que ela não era o que ele estava procurando, pode fazer com que ela o valorize ainda mais. Pelo menos, é o que pensam.

Homens lidam melhor com o não do que mulheres. Ouvem nãos a vida inteira, principalmente na época em que estão descobrindo o amor, imaturos e carentes, sem muito a oferecer. Dos 13 aos 17 anos, o moleque coleciona rejeições. Depois o cara vira um inábil no assunto e a gente acha que é por causa do gênero, dos hormônios ou do machismo que a sociedade insiste em perpetuar. Não é. Uma história cheia de rasos e indelicados foras dados a um coração pode causar comportamentos indesejáveis no futuro. E não há revistas, como as das meninas, que expliquem como lidar com o desejo ou com a rejeição e, muito menos, como lidar com a paixão não correspondida.

Mulheres já vivem uma situação diferente nesse mesmo período da vida. A adolescente é interessante aos olhos dos mais novos, dos da mesma idade e até dos mais velhos. A sua dificuldade será saber lidar com os próprios desejos e os alheios. O julgamento sobre as condutas femininas, na tenra idade, pode ser muito intimidador.

Depois da fase da vida em que a fila de pretendentes parece não ter fim, vem uma outra mais delicada: o momento em que a mulher sente que precisa viver um romance de verdade e parar de fazer experiências.

As dificuldades que os homens tiveram no início, quando eram sempre rejeitados, elas terão adiante, quando soar o apito do relógio biológico ou quando perceberem que ainda não viveram um grande amor. A pressa, uma possibilidade tanto para o novato no amor quanto para a balzaquiana, pode ser angustiante e conduzir ao erro.

Esse parece ser o motivo que faz uma moça ligar para alguém que não lhe fez a cabeça tempos atrás: o medo de não fazer parte da história ou dos planos de alguém. Estar enrolada com um cara que é "complicado", que de fato não a merece ou não a quer, pode ser melhor do que não ser desejada.

É injusto e infantil, e não deveria ser assim, porém, o fato é que homens com um passado são tidos como "vividos" e mulheres com um passado são "emoções de segunda mão". Essa é uma herança machista que permanece e oprime tanto a um quanto ao outro. As inúmeras tentativas de um homem parecem enriquecê-lo, enquanto a mesma experiência vivida por mulheres pode dar a impressão de certa inaptidão para a vida a dois.

A chegada dos trinta anos parece ser vivida de maneira muito diferente entre homens e mulheres. Os homens se sentem no auge. Tanto as mulheres de vinte quanto as de cinquenta anos parecem acessíveis. E o que ele quer? Se divertir. As de quarenta ou cinquenta parecem ser muito adequadas. Já realizadas, elas precisam de uma boa companhia mais do que de um casamento ou filhos. As de vinte, também. Elas podem e querem esperar antes de dar o grande passo.

O problema são aquelas mulheres que ainda estão solteiras e que devem ter sido as que ele tentou — ou ao menos desejou — ter ao lado quando estava na escola. Para um cara de trinta anos, a família vai dizer que ele precisa primeiro se acertar na vida, e aproveitá-la ao máximo. Já para a moça, que ela precisa parar de ser tão complicada e perfeitinha para encontrar alguém e começar uma família. É um período crucial para as mulheres. Namoros que não resultam em casamento, nessa fase, são considerados perda de tempo.

É um período em que tanto mulheres quanto homens precisam se concentrar na vida profissional porque não são mais iniciantes. Os homens acham que isso é motivo para evitar algo mais sério e as mulheres acham que esse é um dos grandes motivos para uma parceria mais definitiva. Até porque ter filhos é parte de um processo idealmente conduzido pelos dois, que envolve compromisso e, também, prazo. O tal relógio biológico é mesmo cruel. A idade oferece riscos tanto à capacidade de engravidar quanto à saúde da mãe e do bebê. No entanto, a vida profissional dessa mulher pode não ter se estabilizado, um possível pai pode não ter pintado, ou, ainda, seu par não ter a disposição para viver a aventura intensa e mobilizadora que é a formação de uma família.

É como se a vida da mulher de trinta anos a colocasse em posição diametralmente oposta à do homem da mesma idade. As mulheres de vinte e os homens de quarenta parecem afinados. Assim como os homens de vinte e poucos com as mulheres na casa dos quarenta. Isso faz com que esses casais assimétricos sejam cada vez mais frequentes.

Por isso, acho que mulheres e homens ligam para seus "ex" por diferentes razões. Eles por acharem que é legítimo revirar a agenda de telefones, em busca de alguém que saibam ser uma boa companhia, ou até para tentar recuperar uma coisa bacana que pintou numa hora em que ele não queria nada mais sério. Alguém que toparia um flashback por não ter desistido completamente dele.

Se o filme não estiver completamente queimado ou ela estiver carente, é uma garantia de que, com um pouco de conversa e alguma historinha fajuta de como ele andava com problemas na época e coisa e tal, a trepada é quase que certa. E pode ser só isso.

A mulher que procura o "ex" pode, por exemplo, estar só checando se ele, no fundo, ainda não desistiu dela. Também pode estar se iludindo. É impressionante as histórias que uma mulher inventa para explicar que aquele cara, que obviamente só gosta de fazer sexo com ela, no fundo, teve problemas na infância ou é megaocupado, ou tem medo de se envolver. Ela também pode preferir a sensação de lidar com uma coisa que (conforme quer acreditar) não tenha acabado, quando sabe que já acabou. Parece melhor do que a sensação de que não está rolando nada de interessante no seu horizonte afetivo. Em resumo, ele sofre porque não consegue comer ninguém e ela sofre por não ser amada e, por isso, partem para o apelativo telefonema da madrugada.

Há algo de comum entre homens e mulheres que procuram pela figurinha repetida: a preguiça de começar algo novo, de tirar a roupa, de contar a vida inteira. O acúmulo de apostas em vão pode fazer com que qualquer outra possibilidade perca o brilho. É como dizem: cachorro mordido por cobra fica com medo de linguiça.

Nesse aspecto, a idade parece pesar para os dois: com o tempo, a vida de solteiro vai ficando chata e previsível. Conhecer alguém novo, descobrir suas qualidades, desvendar seus traumas, identificar os hábitos ruins que estão ali embaixo da superfície, as diferenças, as afinidades, todo aquele universo que, quando somos jovens, não parecem tão difíceis de lidar. Com o tempo, as experiências aleatórias vão ficando cada vez mais desinteressantes, como também o tempo perdido parece ser cada vez mais precioso. O gato da balada do sábado costuma virar um bode na segunda-feira. "Ela tinha uma voz horrorosa", "Que papo chato daquele cara!"

Compreendo que existam homens de quarenta anos que ainda vivam com a mesma rotina de quando tinham vinte e poucos. Sair, curtir, namorar, viajar no final de semana, aproveitar os primeiros meses intensos com uma nova amante e depois partir para outra. Como é bom a vertigem do começo! Como é difícil fazê-la possível depois de um ou dois anos de envolvimento! E aí, um telefonema para alguém com quem a coisa foi interrompida, e que poderia ter se tornado algo mais sério, pode ser fácil.

Ele já conhece os caminhos, sabe que pode figurar como alguém importante na biografia da moça, pois ela realmente apostou nele por um tempo. Ela, por sua vez, prefere estar com alguém com quem já dividiu sua intimidade, de quem conhece as manias e sabe a história. A familiaridade é um dado importante e, com o tempo, fica mais difícil de se conseguir.

Quase proustiano

Não acho que todo percurso em busca do tempo perdido seja mal-intencionado ou deva ser evitado. Todos temos fantasias sobre coisas que deixamos para trás e que podiam ter sido importantes. Temos que fazer escolhas o tempo todo e nem sempre acertamos. Recuperar uma trilha perdida pode ser uma coisa boa. Começar algo com alguém que consideramos familiar encurta, e muito, o caminho. Há que se ver, entretanto, se não é a resignação o sentimento que impulsiona tudo, quando deveria ser o amor ou, ao menos, o desejo.

Envolver-se a sério com alguém porque não pintou ninguém melhor? Porque era a melhor opção disponível, ainda que não lhe roube o fôlego mais uma vez? Sei não. Penso que o pragmatismo pode ser bom para conduzir uma relação que foi iniciada pela chama do amor, mas não acho que acenda fogo algum. Ainda que eu saiba que amores são fogos que se acendem sem artifícios. E talvez essa seja a explicação!

Achar um novo amor parece mais difícil para a mulher que tem na bagagem um casamento que não deu certo e teve filhos, tanto quanto para o homem que vive duro por causa da pensão. A verdade é que as coisas podem dar certo por um tempo e depois perder o sentido. As pessoas crescem, nem sempre na mesma direção ou ritmo que seus cônjuges. Um casamento pode ser muito bom e depois perder a graça.

O final de um casamento pode ser traumatizante e depois a pessoa pode ter a vontade de dar um tempo e esquecer o assunto. Mas o amor não é assim tão domesticável ou previsível. Pode surgir impotente mesmo para os que não querem vê-lo pintado de ouro. Com o tempo, tentar a felicidade outra vez passa a ser imperativo. Assim como não temos controle, como não "conseguimos" amar alguém só porque achamos a pessoa ideal, também não conseguimos evitar que o amor suma de nossas vidas.

Agora estou falando de amor e não daquilo que seria quase um contrato negociado, ou seja, de um relacionamento. Amor é algo que aparece, por exemplo, numa noite de verão em uma situação absolutamente improvável com alguém que não pertence ao nosso mundo e que jamais esqueceremos. Uma noite basta.

O amor é impreciso. Pode aparecer fora de hora ou em uma situação pouco viável. O problema é que, em geral, homens e mulheres são inclinados a sair à procura de relacionamentos seguros quando não estão sob poderosa intervenção do sentimento amoroso. Daí os erros de cálculo. Por isso, a vontade de percorrer mais uma vez um caminho conhecido: porque talvez tenhamos novos olhos para ver a mesma paisagem. Aliás, esta frase de Proust me parece a mais importante, entre tantas que amo colecionar: "A viagem da descoberta consiste não em achar novas paisagens, mas em ver com novos olhos." Esse me parece o segredo para reviver infinitamente o mesmo amor.

Estamos falando aqui, em suma, da busca pelo tempo perdido. De possibilidades que não se cumpriram. Por isso a escolha por velhos recomeços. Porque cresce também nossa tolerância para com o que não é nem deve ser perfeito. Aceitamos nosso erros e, em consequência, aprendemos a aceitar as esquisitices alheias.

Mas e o amor? Será que existe um tanto de amor para ser vivido e nossa cota pode ter se consumido? Teremos, todos, a sorte de encontrar a pessoa certa? Será que podemos, mesmo, ser felizes sozinhos? Existe um álbum a ser preenchido? Quando e com quem ele vai ficar completo?

Por mais que seja um erro viver num ciclo contínuo de encontros e desencontros, mais incômoda me parece ser a aceitação resignada da solidão. Acho egoísta não compartilhar a vida com alguém. A felicidade é uma possibilidade e não uma premissa.

Há algo de sórdido em gastar a vida com algo menos importante do que o amor.

Capítulo 10
Aprendendo a dizer e a ouvir "não"

É comum ouvir as pessoas dizerem que estão aprendendo a dizer "não". Acho estranho! Afinal, dizer "sim" para uma coisa é dizer "não" para outras. O problema é dizer na cara ou ouvir um "não" na lata. Dizer e ouvir "não" (e lidar com a negativa) pode ser mesmo muito difícil, porém é sempre mais saudável do que empurrar com a barriga ou se meter em histórias que não merecem investimento algum, só por medo de magoar o outro. Ou, até, por não conseguir lidar com alguém insistente que não sabe entender uma negativa sutil. Estou sendo muito vago? Tudo bem, vamos analisar algumas situações.

"Não, eu não estou a fim de você." Essa deveria ser uma frase razoavelmente educada para dispensar uma proposta. Homens ouvem e, quando querem insistir, dizem que a mulher está fazendo charme. De fato, o chamado "cu doce" pode dar margem para a interpretação de que um "não" é, na verdade, um "talvez". Para mim não é. Não mesmo! É o caso de virar as costas e tratar de outro assunto. Mas, se for um "agora não", a conversa pode ser retomada em algum outro momento.

O macho genérico está acostumado ao clichê de que qualquer mulher merece ao menos uma conferida. Por isso, ele acha que tem que estar sempre alerta para atender ao chamado feminino. Sabemos que não é bem assim, mas isso bate na cabeça masculina como uma grande dificuldade em dizer "não". Ele imagina que, se não atende quando a moça se oferece, ela vai achar que ele é frouxo ou gay, ou pior, julgar que aos olhos dele ela é uma monstrenga destituída de qualquer apelo sexual.

Além de jogar o nome do cidadão na lama, ela seria capaz de persegui-lo pelo resto da vida até cuspir na sua cova. Tudo bem, vale a anedota, mas sabemos que tanto o homem "permanentemente no atraso" como a mulher que "quanto menos faz sexo mais se valoriza" são modelos que só servem para isso: piada.

Nesse momento, é importante abstrair as questões de gênero e abrir o assunto para todas as orientações. Há também o assédio de homens com homens, mulheres com mulheres e até, embora seja visto quase como uma anedota, o da mulher com o homem. A questão aqui é pressionar quem não está a fim — naquele determinado momento ou que não tem desejo nenhum — a fazer algo contra a sua vontade. É assédio forçar a barra, mesmo que se parta da ideia de que se não insistir a pessoa não vai ceder.

Ferida narcísica

A disponibilidade para se envolver nessas roubadas emocionais pode ser justificada pela dificuldade em lidar com as negativas. Alguns relacionamentos duram anos quando nem deveriam ter começado. Diria Oscar Wilde: "A diferença entre uma paixão e um capricho é que o capricho dura um pouco mais." O orgulho ferido pode ser o motor de alguns relacionamentos.

Um dia desses, vi uma amiga amargar dolorosamente o fim de um noivado que, aos meus olhos, nem deveria ter ido muito longe. Pelo menos era a impressão que eu tinha. Era óbvio para mim que ela estava mais interessada na história do que no personagem em questão. Ele não fazia mesmo a cabeça dela, mas queria assumir um relacionamento sério. Ser noiva, ter um casamento em vista, procurar a casa para morarem juntos, planejar a decoração, a cor do vestido, a festa, a coisa toda, era muito excitante. O cara... nem tanto. O fato é que ela apostou todas as fichas na nova fase da vida e no homem que, enfim, a levaria ao altar.

Quando o grande dia não chegou, ela se viu em uma depressão. Sofria por ter perdido, não um grande amor, mas um projeto de vida. O orgulho ferido doía, o mesmo orgulho que a deixou tão excitada antes.

O fim de um relacionamento amoroso pode machucar de forma definitiva a alma de quem está envolvido. Fato. Há, porém, a possibilidade de ver a situação de outro modo. Pode-se ficar triste porque acabou ou feliz por ter acontecido. A ferida amorosa se regenera, pode ser sublimada, frutificar. O "filme queimado", não. É uma cicatriz permanente. Uma mancha irremediável na autoestima.

Quero dizer é que o amor é mais forte que o orgulho.

Pode-se amar ao longe, no passado ou com uma nesga de promessa no futuro. Ama-se porque não dá para evitar. Contudo, a mágoa de um amor rejeitado pode se regenerar. Se ele não existe, a ferida nada mais é do que uma mancha dolorosa no ego. Mesmo sendo superficial, pode levar a comportamentos que a mágoa amorosa jamais causaria.

Há, nos recônditos do amor, esperança, abnegação e grandeza. Já a ferida narcísica é purulenta.

Parte dois
Por que as mulheres
querem ser o que os homens
não querem comer?

Capítulo 11
Homem não repara em estria, culote e celulite

Vivemos num país com a marca de miscigenação que, aos olhos do mundo, faz do brasileiro um povo bonito. Pode ser que o nosso narcisismo crie o mito de que somos um povo quente e sensual. Mas, sabe como é, cão que ladra não morde. Ainda assim, todos nós queremos, lá no fundo, ou mesmo na totalidade de nossa superfície, ser outra pessoa.

Veja os exemplos: você sai na rua e vê todas as mulheres de salto alto. Isso não lhe diz nada? Para mim estão todas dizendo que queriam ser um pouco mais altas, ou ter pernas mais esguias. Olha que nunca vi um homem reclamar disso em uma mulher. Ao contrário: as baixinhas são, em geral, as preferidas! Você olha o cabelo da mulherada e pode ter certeza: a maioria muda a cor. Como já foi dito, não é nenhuma profecia afirmar que toda mulher brasileira será loura um dia. Nem que seja por curiosidade ou para atender à vontade de ser sueca. A brasileira tem alma sueca. Quer ter cabelo liso, ser alta e loura. Ah, longilínea também.

Não importa que o mundo se curve diante de nossa morenice e de nosso gingado; queremos a cintura dura e a altivez do viking. E tome escova, alisamento definitivo, plástica no nariz e nos peitos. Somos o segundo país que mais faz cirurgias plásticas no planeta! Na base do crediário, lógico. Essa brincadeira, além de dolorosa, costuma também ser cara.

Na mulher, certas idades constituem, digamos assim, um afrodisíaco eficacíssimo. Por exemplo: 14 anos. Hoje em dia, assim como nos tempos de Nelson Rodrigues, a mulher brasileira — e ouso dizer que falo da maioria — vive a permanente nostalgia dos 14 anos. É comum que tenham saído há pouco da adolescência e já estejam se enveredando no mundo das cirurgias plásticas. Para "levantar o que está caindo".

Pois eu nunca soube de um homem que tivesse pedido para uma jovem se livrar dos, ainda incipientes, traços do tempo. São sempre as mulheres a temer qualquer sinal de maturidade expresso no próprio corpo. Os homens enxergam a mulher como um todo. Até escolhem algum pedacinho em especial de seu corpo para eleger como fetiche, mas a personalidade dela, acredite, é o que vai dar a liga. Homem não repara em celulite, estrias, peito caído, culote etc. Não na mulher que ele ama. Ele a enxerga como a favorita e, principalmente, se ela for divertida e boa de cama, a melhor de todas. E que ninguém ouse discordar.

Esse medo de envelhecer não está, portanto, associado ao medo de não ser mais desejada pelo homem amado. Até porque as meninas de 14 anos, com seus peitos estufados e pele viçosa, não são mesmo as que dão prazer, ou, de acordo com a lei, não deveriam ser! Elas ainda não saberiam como agradar, e este é um capítulo fundamental na manutenção do desejo: saber e querer agradar. É preciso educação sentimental e experiência.

Não há nenhum produto de beleza ou cirurgia plástica que tenha a eficácia de uma paixão vertiginosa. Atração se dá por questões físicas, evidente, mas mesmo a mulher mais linda do mundo há de ser maçante se não souber ser interessante. Em movimento, falando e agindo, e não só cristalizada numa foto, pois a beleza é o trunfo dos objetos, a narrativa é o trunfo das grandes paixões, das histórias que serão lembradas.

Pense bem. A mulher que se esforça para agradar, que sabe dar e ter prazer, que sabe seduzir, ganha disparado daquela outra que é como um belo quadro, boa para ser contemplada. Eu diria, sem dó, que a beleza por si só é meio que uma natureza morta. Viu? Está visto.

Não nego que ajeitar alguma coisa que incomoda muito em seu corpo pode ter um efeito poderoso em sua autoestima. Alerto, porém, para o fato de que a corrida contra o tempo é uma causa perdida. Envelhecer é ruim, mas a outra opção é ainda pior, diz a sabedoria popular. Pois é. Juventude é um jeito de ser, um espírito, não uma idade. Temos que estar atentos para o fato de que as pessoas estão vivendo por mais tempo. As histórias de amor também terão que perdurar por mais tempo. Cirurgias e cremes não serão o que deixará o amor longevo. Aposto mais na conversa. E na criatividade na hora de expressar e expandir os limites do prazer e do desejo.

O desejo não é filho da beleza, ainda que possa ser iludido por ela. Ele é muito mais complexo, pessoal e intransferível. Ou melhor, perfeitamente transferível entre dois amantes que querem se entender profundamente. Acreditar que tal fervor que pertence exclusivamente à juventude é matar o desejo, sem justa causa, muito cedo. Serão nossas rugas que vão definir até quando teremos uma vida sexual ativa?

Homem não repara em celulite

Olhem para as pressões do mundo moderno: há uma enormidade de apelos à baixa autoestima feminina. De uma hora para a outra passou a ser fundamental ser linda, antenada, saber tirar a roupa de um modo que fará seu pretendente perder a cabeça, perder três quilos em uma semana, fazer tratamentos antienvelhecimento caríssimos antes dos trinta anos, além de plásticas, comprar produto para o cabelo, para as unhas, para os olhos, para o cotovelo, para tudo!

Não seria mais importante dar uma hierarquizada nessas questões todas? Ou saber ser mais feliz com o que se tem — principalmente, com o próprio corpo? Claro que achamos bonitas as pernas alongadas por um salto alto, mas também achamos muito esquisito que vocês paguem caro por um sapato desconfortável que lhes incomoda desde o primeiro minuto no pé!

Vai aqui um segredo masculino: é claro que nos sentimos homenageados por tantos cuidados com a beleza, mas não achamos que eles valham uma cara de sofrimento e mau humor. Se beleza fosse tudo, ninguém comia feijoada. Um simples sorriso pode ter um efeito fatal, acredite.

A férrea vontade feminina em acreditar em tudo e todos que lhe apontam imperfeições é o maior negócio do planeta. Calça, camisa e sapato? Nem pensar! Mulheres precisam de inúmeros itens sobre o corpo para que possam pensar em ir ao supermercado. Carteira, chave, celular? Nunca! Elas têm que levar na bolsa metade da mudança! Está bom, exagerei. Se a bolsa pesar uns três quilos já está de bom tamanho. Mas tem que ser cheia de coisas que elas não devem precisar. E mesmo que elas saíssem só com a carteira: as femininas são enormes. Alguém já gastou um segundo para entender o porquê? Mulheres têm o mesmo tanto de documentos que os homens, mas a carteira delas é sempre enorme. E vive abarrotada. Será mesmo necessário?

Estou exagerando? Pois vou lembrar aqui uma frase que acabou me agradando muito: celulite quer dizer "eu sou gostosa" em braile. Sério, mulher sem celulite não dá nem para conversar. E homem que repara muito em celulite vai acabar preferindo bunda de homem.

Outro dia observei: as mulheres ficam mais bonitas quando estão descabeladas, ofegantes, ruborizadas, suadas e sorridentes. Melhor ainda, quando nós somos o motivo. Disse e continuo dizendo: mulheres ficam lindas nesses momentos em que elas não estão produzindo a beleza, mas exalando-a.

Os sentidos são cinco. O único deles a nos iludir é a visão. Ilusão olfativa, auditiva, de paladar ou tato não são comuns. Só a de ótica. Por isso, é bom prestar atenção nessas outras formas de se comunicar. Deixar que fale a pele, o cheiro, o gosto. O homem ou a mulher que vive plenamente sua sensualidade absorve todos os detalhes, mas não isoladamente. É o todo. E por inteiro.

Ninguém exige que as mulheres sejam bonitas. Mas, de algum modo, todas são. Ou podem ser, se souberem se encontrar. Não é com itens de consumo que elas devem se preocupar para ficarem irresistíveis, mas com um modo de agir e se colocar diante da própria vida e felicidade: como quem conduz o carro e não como quem vai de carona ou no banco de trás.

Afinal, o que querem as mulheres? Ora, as mulheres querem querer. Nós homens — e me perdoem se abuso ao falar em nome de todos — queremos algo muito mais objetivo e palpável (ênfase no *palpável*!): queremos as mulheres. Ou melhor, queremos uma mulher. Uma que nos faça feliz.

Essa mulher não precisa ter um faturamento mensal ou patrimônio maior que o nosso, pois isso poderia dar a ela a sensação de que poderia ou deveria estar com um cara mais poderoso. Também não precisa ganhar menos do que a gente, pois assim vai achar que está subjugada em uma relação da qual é a parte mais fraca. Ela não precisa ser linda, mas seria ótimo se soubesse se fazer irresistível para nós. E não há nada que embeleze mais uma mulher do que um sorriso aberto, sincero, e aquele brilho nos olhos a nos dizer "Eu vou te fazer feliz". Se ela for fogosa e jogar aberto quanto ao seu desejo, e não se comportar como juiz no jogo amoroso, mas sim como parceira, fica ainda melhor.

Ah, um detalhe: pouca memória é fundamental. Mulher que fica lembrando de detalhes e puxando do baú coisas que já podiam ter sido apagadas sempre encontra algum motivo para um desentendimento. E desentendimento com mulher é fria: não costumamos conseguir falar tanto e tão rápido, e também lançar mão do artifício de chorar quando nossa argumentação está fraca. Não que todas o façam. Não sempre.

Posso dizer por mim e imagino que deve existir quem pense como eu. Gosto muito das mulheres em todos os aspectos. Como chefes, colegas, amigas, empregadas, bebês, vovós etc. Vivo em companhia delas e não há nada que eu faça que não mire, de alguma forma, a felicidade delas. Em especial a felicidade de uma delas. A que eu penso que escolhi. No fundo, elas é que nos escolhem...

Seria bom se as mulheres pudessem se dar conta disso. E não ligar se não repararmos quando elas mudaram as mechas no cabelo "para abrir um pouco". Ou picotaram a franja. Nós não reparamos nisso em nossos amigos e não nos importamos se eles não reparam em nós. Mas uma tromba emburrada a gente sempre nota.

E aí está o ponto nevrálgico: homens não reparam! Nem nas coisas que você fez para "melhorar" nem nos seus "pontos fracos". Se pudesse dar um conselho para todas, eu diria: acredite no homem que te ama da mesma forma que você acredita no seu cabeleireiro. E seja feliz. Muito feliz. Ria sempre. Mas não só para chamar a atenção alheia, jogando a cabeça para trás. Ria porque a vida é muito melhor quando a gente insiste em achar que ela é boa.

Não posso falar por todos os homens, repito. Sei que existe todo tipo de cafajeste e canalha por aí. Há, porém, o homem que procura uma mulher como quem procura o próprio caminho na vida. Alguém que seja um motivo para acordar e lutar pelas coisas, por boas causas, pelo pão de cada dia. Um homem quer ter para onde voltar. Ele há de querer passar a vida ao lado de uma mulher que lhe faça bem e que compartilhe de seus sonhos, vitórias e derrotas. Alguém que lhe dê abrigo, ouvido e conselhos. Alguém que envelheça com ele.

E ele vai saber, ao seu devido tempo, que envelhecer ao lado de alguém significa ver a pessoa de várias formas, mutante, assim como seus desejos e interesses devem mudar ao longo dos anos. Acredito que seja o amor e não as plásticas o que dificulte ao homem perceber a velhice ou as imperfeições na mulher amada. Há sempre a presença daquela mocinha apaixonante em algum gesto ou sorriso. Depois de anos há de haver o mesmo encanto, o mesmo impulso, a mesma chama. Ainda que prateada pelo tempo. A gente envelhece e a visão vai ficando mais fraca. Já a alma vai ficando cada vez mais sensível. E a noção das prioridades, do que realmente importa, cada vez mais clara. O amor é um elixir.

Capítulo 12
Mais beleza não significa melhores orgasmos

É inegável que a beleza é um valor reconhecido nos quatro cantos do mundo. Variam os padrões, mas sua importância é incontestável: a beleza é uma "carteirada" tanto quanto a fortuna, a fama ou a intimidade com o poder. Não acrescento a inteligência à lista porque acho que esta necessita de aplicação, de utilização em alguma coisa. Em casa, sem fazer nada, o inteligente não é ninguém. O bilionário, o filho do prefeito, a beldade e a celebridade, esses podem muito bem abrir todas as portas sem nenhum esforço. Fortuna, beleza e poder às vezes vêm por herança e sem maiores méritos. Fama também. Houve um tempo em que o cidadão ficava famoso por ser muito importante, hoje o cara fica importante por ser muito famoso. Qual o motivo da fama? Qualquer coisa. E isso é também um facilitador social. Abre portas.

A beleza é um dos raros elementos que propiciam a mobilidade social no Brasil. Ou isso ou jogar futebol, virar um ídolo pop, ou ainda ter uma carreira política voltada para as articulações obscuras. De resto, dificilmente um cidadão que nasceu na classe C morrerá na A. Bem, a não ser que tenha um talento absurdo, ou seja lindo... ou linda. As pessoas gostam de dizer que foram conhecer um bar "cheio de gente bonita". Acham um absurdo que a moça que mandou matar os pais seja loura: "Uma moça tão bonita!" Sim, os belos não fazem — ou não deveriam fazer — atrocidades.

O belo, o indivíduo decorativo, mesmo quando é uma besta, há de ter seu lugar garantido nos eventos só porque é bom de se olhar.

Também há regras diferentes, em termos sociais e de relacionamento, para beldades e cidadãos comuns. Os perdões hão de ser mais amplos e as exigências, mínimas. É, portanto, compreensível que todo mundo queira ser lindo e valorize a beleza alheia. Somos um país que gosta de glorificar a estampa, muito mais do que as capacidades. Posso dizer isso com propriedade porque sei que meu patrimônio está e sempre esteve relacionado ao visual. Para o bem e para o mal. Já estive dos dois lados, acredite.

Inútil paisagem

Claro que também existe um ônus. Há um enorme preconceito em relação à beleza. Muita gente supõe que, se uma pessoa evoluiu rápido na carreira, terá sido tão somente por seus atributos físicos. O bonitão precisa ser duas vezes mais competente do que o cidadão comum para que seja reconhecido. A bela, nem se fala. Quem vai aceitar sem suspeitas que uma mulher linda possa ainda por cima ser um gênio? Ao contrário, vão dizer que se é bonita deve ser burra. Se for loura então... O preconceito contra a loura é tão desprezível quanto o contra a negra; a diferença é que o primeiro não causa constrangimentos legais. Assim como o preconceito contra o feio ou a gorda. Todos parecem estar liberados para serem cruéis, e manifestarem isso o quanto quiserem, com aqueles que não tiveram a sorte — ou o empenho — em ter aquilo que o mundo corporativo chama, ou costumava chamar, de boa aparência.

O que é uma boa aparência? Medidas perfeitas? Um rosto com ângulos graciosos e equilibrados? E o tal borogodó? Ele seria mais ou menos importante que o equilíbrio estético dos traços? Eu acho, e é apenas a minha opinião, que a saúde pode ser um bom referencial para algo que queiramos chamar de bonito. Mas tem tanta gente doente dentro do mundo dos modelos! Tanta gente com anorexia, bulimia, envenenada por anabolizantes e toda a sorte de intervenções! Nem sempre são bons os resultados. A beleza pode ser uma escravidão.

Uma coisa é fato: quem é mais bonito pode escolher com mais facilidade quem será seu par. É o tal do capital sexual: uma soma de características físicas, estilo, cuidado com roupas e com o corpo, habilidade social e charme, o mais subjetivo desses elementos. Essa pessoa, com a qual todos gostariam de estar, é quem tem mais capital sexual. Ela pode escolher e rejeitar sem se preocupar muito. Os convites e oportunidades não vão parar de chegar! Resta saber se isso é bom — ou até quando. Quem quer ficar em casa não há de festejar muitos convites para a farra.

O macho ou a fêmea alfa entram na festa e os olhos se voltam, as conversas dão uma pausa e, de repente, todos ficam simpaticíssimos! É mágico. Ser capaz de virar todos os pescoços de uma sala, o que a mulher comum consegue no dia em que se casa e provavelmente só mesmo nesse dia, é um poder! O mundo estende um tapete vermelho para os mais belos.

O capital sexual nem sempre é um cheque ao portador. As ações da bolsa de valores sexuais imaginária podem estar subindo o tempo todo, baseadas na aparência e na quantidade de interessados, sem que nenhum orgasmo, por mais burocrático que seja, tenha acontecido. A moça lindíssima pode ser uma desajeitada no trato íntimo; o rapaz de abdome definido pode ter ideias confusas sobre os prazeres femininos; o narcisista pode não contemplar o desejo do parceiro; as expectativas de performance podem deixar o ato aquém do "prometido".

Nuas, as pessoas podem ter o corpo assim ou assado, mas lidam com as mesmas dificuldades e potencialidades. Todos temos nossa cota de encantos e conflitos. Sentir-se bem com o próprio corpo não é uma certeza, mesmo quando todos o elogiam. Não significa, também, que o corpo do outro nos deixe à vontade. O amor e o prazer são caminhos imprecisos.

Vale dizer, ainda, que as modelos, muito magras, de pernas enormes e finas, com aquela cara de enfado, não são exatamente o que os homens consideram uma mulher sexy.

Mas a questão é mais complexa. A estampa não traz, necessariamente, uma relação exata com o que vai dentro, com a forma como se sente e se vive o prazer. Há muitas possibilidades no diálogo dos corpos e das mentes, envolvendo censuras, fetiches, e as centelhas do calor amoroso.

Sem contar que o desejo migra. O clima pode ser estável e sujeito a pancadas no final do período, pode ficar muito quente ou muito frio, ou pode ter tempestades e estio em um curto espaço de tempo. Quando falamos desses aspectos subjetivos não importa muito o julgamento alheio ou a aprovação de todos, e, sim, o que se sente e *como* se sente.

Com frequência vemos casais formados entre belos. As beldades se procuram. Claro que há o clássico encontro da mulher bonita com o homem mais velho e poderoso. É um clichê. Qualquer portador de uma "carteirada" como as mencionadas no início deste capítulo pode estar acompanhado de uma moça belíssima. Os poderes se atraem. A mulher talvez se sinta interessada por alguém que ela admire, independente de sua beleza. Mulheres costumam levar em conta outros fatores. Mais que os homens.

Mas será que esses belos casais que a gente vê nas capas de revista têm mais prazer que os outros? Qual a garantia disso? Acredito que nem mesmo uma prole bonita seja certeza em um encontro de dois alfas.

É possível a pessoa ser tão encantadora a ponto de fazer sucesso sem ter que levantar os braços, mas saberá mantê-lo? A vida vai lhe abrindo as portas desde os tempos de bebê mais lindo do berçário, mas há de lhe sorrir assim o tempo todo? Tristezas e dificuldades acontecem para todos, e os que são mais habituados a lidar com as intempéries da vida acabam por sentir menos o tranco. Será que é fácil passar todo o tempo sendo alvo de cantadas e seduções? Difícil focar, não é?

Fogueira das vaidades

Onde quero chegar é que não há relação entre beleza e sensibilidade. Você pode sentir muito prazer sem ser necessariamente uma beldade. Pode intuir o que agrada ou não ao seu parceiro, desenvolver habilidades, antecipar caminhos e sugerir possibilidades que ninguém antes atinou em propor. Simplesmente por estar, de fato, interessado.

É preciso desejo. Desejo com letra maiúscula, e não a mera e corriqueira vontade de ter um orgasmo ou uma série deles. Do mesmo jeito que se aprende línguas, que se faz ginástica, que se desenvolve qualquer aptidão, é preciso gastar algum tempo e atenção nas atividades íntimas — tanto na teoria quanto na prática —, até para quem já tem um talento natural. É curioso que ninguém imagine ter nascido falando determinada língua, mas ache possível ser fluente na linguagem do amor e do sexo sem nunca ter se empenhado e aprendido. É a tal autoestima brasileira que nunca ou quase nunca se comprova. Já que somos tão bons, será que precisamos mesmo melhorar? Sim, precisamos.

Quem vai lhe dar prazer é quem está a fim de fazer isso. É preciso foco. Ou você tenta agradar a todas as pessoas do mundo — numa campanha de autopromoção para um mercado heterogêneo em termos de idade, classe e até gênero — ou se empenha em descobrir os caminhos secretos para agradar uma determinada pessoa.

Vou fazer uma analogia esdrúxula: a aprovação de todos é uma campanha eleitoral para presidente; uma boa relação amorosa é, talvez, mais simples do que virar síndico do prédio. É preciso saber qual o prédio, quem mora lá e o que quer — e principalmente o que ainda não sabe que quer. Aí reside o diferencial, o surpreendente, o mágico, a chave da porta da frente.

Sexo não é uma fogueira que se acende com beleza e muito menos se mantém acesa por ela. Sexo é uma questão mais complexa. Se o amor é fogo que se acende sem artifícios, o sexo é diferente: precisa de todos eles. Não necessariamente dos artifícios que embelezam, mas dos que desnudam. Corpo e alma. Tem a ver com outro tipo de poder, o de alcançar a intensidade do prazer e ampliar seus horizontes. É uma dança envolvente entre os que são cúmplices, mas também pode ser fantástica entre os que ainda são estranhos. As descobertas e os caminhos são os objetivos, não o orgasmo. Fazendo uma analogia com uma viagem, o orgasmo seria a parada para a contemplação em um mirante. Não é o trajeto em si, não é a coisa acontecendo: é uma pausa. Um marco.

Não sou doutor em sexologia para ficar aqui diagnosticando ou dando conselhos, mas sei que a vida sexual de nossos compatriotas, segundo o que dizem as pesquisas, poderia ser melhor. Pelo que sei, falta conversa, falta perder o medo de ser julgado, falta intimidade e cumplicidade e, sobretudo, falta assumir as próprias peculiaridades sem pudor. Há quem goste disso ou daquilo, mas quase ninguém quer dizer em alto e bom som quais são suas "estranhezas". A maioria dos heterossexuais vive como pessoas reprimidas diante de inúmeras possibilidades que poderiam ser testadas. Sei lá se vale a pena me restringir a orientações ou a gênero aqui, mas percebo que aqueles que se expõem, que se permitem, hão de viver melhor consigo mesmos.

É fato: se conhecer melhor e gostar de ser quem é acaba sendo fundamental para encontrar o que lhe dá prazer ou faz sua cabeça na cama. O marquês de Sade, na descrição de suas fantasias, abordava a distância entre o mundo idealizado por seus contemporâneos iluministas e o lodo dos desejos inconfessáveis que assolam a alma humana e que só o medo da repressão social pode conter e domesticar. Há exageros aqui e ali, e provavelmente estou sendo muito simplista, mas o que quero apontar é que existe o racional e o animal, o cultural e o fisiológico, as regras sociais e as perversões. Transitar em meio a esse vale de sombras é que acaba por ser a aventura da individualização.

Não estou alegando que há uma máscara ou fantasia única que sirva em cada pessoa. Existem várias. A mulher que é submissa com um parceiro pode ser dominadora com outro. O homem que é metódico pode se revelar um amante passional diante de uma mulher que o inspire e ser completamente previsível com outra. Todos mudam e podem ter atuações diferentes diante de cada parceiro.

O ciúme, por exemplo, pode ser um veneno ou um tempero. Pode brochar um homem ou deixá-lo mais empenhado. O titubear de quem você quer carregar para as nuvens quentes do sexo selvagem pode te excitar ou te aborrecer. Não há matemática: tudo é possível e deve ser divertido, senão vira um grande drama de erros e acertos. Por isso a cumplicidade e o amor são grandes aliados nos mergulhos na própria intimidade.

Zona de conforto

A minha experiência observando e ouvindo histórias indica que as pessoas, em geral, procuram um caminho para conseguir o que querem e costumam repeti-lo por conforto e familiaridade. Gostam de andar por onde conseguem transitar até de olhos fechados. Compreendo isso. Há algo de reconfortante em não ter que se sentir testado o tempo todo. Porém, o encontro com um amante de uma noite só, alguém pago ou um desconhecido (refiro-me a alguém fora do seu círculo social) permite a possibilidade de ser outra pessoa e percorrer outros caminhos.

Não há coerência em jogo. Alguém novo não sabe quem você é e o que gosta. Para o estranho, ou estranha, você pode se mostrar, experimentar e agir de um modo completamente diferente. Pode funcionar ou não, mas essas ocasiões costumam ser marcantes. Por vezes uma trepada de uma noite só se torna uma aventura reveladora e inesquecível, e anos de um relacionamento que acabou podem não trazer nenhuma lembrança interessante. Nesse caso, parece que nada de importante aconteceu porque nenhuma porta diferente foi aberta, nenhuma experiência nova foi vivida, nenhum fantasma foi expulso do armário. Há algo de libertador em se testar em busca do prazer. Seria bom aprender a fazer isso com quem se ama, deixar o extraordinário e o ordinário se alinharem, com cumplicidade.

Se você mergulha num poço de prazeres desconhecidos com essa pessoa, acredite, ela lhe parecerá linda. A boca, os tornozelos, a nuca, as mãos, os lábios, os mamilos, sei lá o quê, podem ter sobre você um fascínio impressionante, mesmo que não formem, juntos, uma figura que as revistas de moda apontem como sendo uma beldade. A voz, as coisas ditas, as provocações e os afagos, a segurança com que o parceiro se entrega ao desconhecido, o gosto, o cheiro de cada parte diferente do corpo, tudo pode ter significados pessoais importantíssimos.

Aquela pessoa que você minuciosamente vasculhou com todos os seus sentidos acaba virando quase um lar, um lugar para onde você quer voltar. Não porque é linda, mas porque a presença dela instaura um ambiente onde você se sente bem. E se esse ambiente é melhor do que qualquer castelo ou hotel de luxo, é porque é o seu lar. Lar é a chama que aquece, que reúne os íntimos; por isso, o lugar onde o fogo é aceso se chama lareira. Sentir-se em casa no corpo de alguém, fazer dele seu parquinho de diversões e seu santuário, há de ser mais importante do que a aprovação alheia, ou do que a constatação de que aquela pessoa é mesmo bonita.

Não estou dizendo que quem ama o feio o acha bonito. Defendo que o corpo que é uma fonte de prazeres para você é o que vai fazer a sua cabeça. Os outros continuam sendo corpos bonitos. E mais nada.

Dá para ser amigo de uma pessoa linda e não desejá-la. Dá para ter muito prazer com uma pessoa que não é linda. Dá para não ser lindo e dar muito prazer a quem se ama. O amor e o desejo não estão contidos na beleza. Belos são o amor, o prazer e quem deles se serve. Onde está o seu prazer? Em si mesmo e na sabedoria — e na sorte — de reconhecer quem pode fazê-lo feliz. Como diz a canção: nada é maior que dar amor e receber de volta amor.

Eu poderia ficar falando sobre amigas que foram transar com homens lindos e sarados e descobriram que eles ficavam olhando para si mesmos no espelho. Poderia lembrar o amigo bonitão que só escolhia as moças menos graciosas porque sabia que estas estavam interessadas em tirar o máximo proveito dos encontros. Poderia falar das moças e dos moços belos que vivem histórias riquíssimas em aventuras e prazeres, e de casais para lá de ordinários que tiveram sorte igual. Você conhece muitas histórias assim, não é mesmo?

O prazer é democrático. É de quem quer. É de quem o inventa e o torna real.

Capítulo 13
As mulheres mais jovens podem até ser mais gatas, mas não são boas de cama

Quando jovem, eu costumava dizer, para provocar, que mulheres eram melhores antes dos vinte e depois dos trinta anos. Antes porque estavam descobrindo o amor, o sexo, e seu frescor e seu entusiasmo eram comoventes. Depois dos trinta, porque elas começavam a aproveitar a vida. Dos vinte aos trinta elas só gostavam de uma única coisa: ganhar discussões. Era uma brincadeira e deve ser lida como tal, porém há aí uma verdade: a juventude nem sempre é uma aliada.

Fazer trinta anos foi difícil para mim. Havia, ainda que inconsciente, aquela sensação de imortalidade característica da juventude. A falsa ideia de que o tempo era um aliado e de que tudo era possível. Fazer trinta anos parecia ser uma constatação de que eu tinha perdido tempo demais e conseguido realizar metas de menos. Bobagem. Fazer quarenta foi muito mais simples, mais tranquilo. Na época, tive a sensação de que não conseguiria realizar algumas metas e de que não tinha muito controle sobre o leme — ou sobre os ventos que me levavam pela vida —, mas, ainda assim, estava satisfeito com os meus limites. Dez anos antes, eu era muito mais severo comigo mesmo — e com os outros, evidentemente.

A mocinha que descobre o amor se encanta com o novo significado de coisas aparentemente conhecidas. Os dias, as horas, a vida, o corpo, o corpo do ser amado, a saudade, a entrega, o desejo, a rejeição, tudo passa a ser visto de modo surpreendentemente novo quando nos olhos estão as lentes do amor. É fascinante e um tanto dramático. Em alguns momentos até patético.

O furor juvenil não permite acreditar que se possa sentir nada com tal intensidade mais tarde na vida. A potência do corpo e dos sentimentos, na juventude, são mesmo inestimáveis, ainda que um tanto desesperados. Lembro de Romeu e Julieta e imagino que aquela tragédia possa representar bem a pungência juvenil cheia de arroubos e de inocência. É belo o amor, em qualquer momento de nossas vidas, mas a sua prática, através dos anos, há de ser benéfica para quem o compartilha e para quem dele se alimenta.

A descoberta do sexo é maravilhosa. Ir aumentando os limites, aprendendo os caminhos do corpo e da mente, descobrindo a si e ao outro, experimentando o desejo com suas áreas imprevisíveis. As mocinhas são levadas pelo desejo do corpo, mas conquistadas pelos anseios emocionais. Querem viver algo profundo, misterioso e um pouco amedrontador para seus corações imaturos, e precisam de delicadeza e tato. Meninos querem ejacular. Basta isso — ou, pelo menos, assim eles pensam.

As mocinhas aprendem, não sei com quem e nem o porquê, que cabe a elas controlar os limites do desejo e do prazer. Em tese, acreditam que quanto menos cedem aos impulsos do sexo, mais "confiáveis" demonstram ser. Elas também querem fazer as coisas com calma e observando os detalhes. Talvez nem com tanta calma, mas se importando com todos os detalhes. Enfim, quero dizer que o tempo é diferente entre eles e elas. Por questões culturais, as meninas são levadas a achar que quanto menos parceiros tiverem mais hábeis em lidar com os sentimentos são. Já os meninos acham que quanto mais transas tiverem melhores amantes são. Ambos estão, evidentemente, errados.

A mulher pode ter, ao longo da vida, um parceiro só e uma vida sexual riquíssima, enquanto o homem pode ter tido centenas de parceiras e uma vida sexual monótona e insatisfatória. Números não traduzem qualidade; ao contrário, podem representar tentativas que não deram certo. Afinal, qual é o objetivo? Descobrir do que se gosta. Os números não são definitivos, mas, sim, a qualidade da interação entre parceiros.

Voltemos às jovens. Moças podem ter a beleza e frescor que as mais maduras invejam. Porém, muitas delas acham que, ao tirarem a roupa, já terão feito o necessário para levar o parceiro ao sétimo céu. É comum elas "deixarem" nessa fase da vida. Deixam o cara pegar aqui, chupar ali, penetrar acolá etc. Elas não fazem; elas deixam fazer. E deixam mediante algum tipo de merecimento, como se o prazer sexual fosse algo que tivessem que economizar para dias mais difíceis, sei lá.

É como se a jovem mulher ficasse segurando o cantil enquanto atravessa o deserto incandescente dos hormônios juvenis e só permitisse a si e ao parceiro goles eventuais, para não morrerem de sede. A maturidade cura isso. Com o tempo, as mulheres se tornam donas do próprio desejo e do próprio corpo, e deixam de acreditar que sexo é uma coisa que dão em troca de amor, que é o que elas realmente almejam.

Os meninos, imaturos, também pensam que demonstrar amor ou fazer elogios — ou qualquer mecanismo de sedução — seja uma estratégia para entrar nas calcinhas de quem se faça disponível. Os homens imaturos são fáceis de serem levados para a cama por qualquer menina, mesmo que eles não a desejem de fato. Acham que sexo ruim é melhor do que não fazer sexo.

Claro que se o garoto está apaixonado, a coisa muda, mas a vontade de "convencer" a namorada a fazer sexo o maior número de vezes possível o coloca sempre na posição de vendedor empurrando a mercadoria, no caso, a própria intimidade. Em resumo, ela finge que não quer e ele finge que quer mais do que realmente quer. É um jogo velho e chato.

O amadurecimento faz bem à mulher em muitos níveis. Quando eu brincava dizendo que mulheres de vinte anos só queriam ganhar discussões, estava apontando a necessidade delas de se afirmarem. Sei lá se é porque a gravidez seja sempre uma possibilidade, mas os envolvimentos que acontecem na época em que as moças começam a se imaginar casadas e com filhos as tornam muito exigentes. Pensam muito, exigem demais de si mesmas e dos namorados e tendem, com isso, a tornar tudo um pouco mais pesado do que deveria ser. Por isso a graça dos amores de verão, dos romances de carnaval, das inconsequências. Porque quando estamos diante de um encontro assim, sem possibilidades visíveis de continuidade, nos mostramos mais leves e desarmados.

O sonho de formar uma família ou encontrar o homem de suas vidas as torna complicadas, inseguras e tensas. É como se estivessem o tempo todo em uma missão seriíssima. Claro que estou generalizando, sei que existem mulheres para as quais o casamento e a maternidade não são fantasias. Mas estas também serão beneficiadas pelo amadurecimento.

De mocinha a mulher

As cobranças exteriores são um horror na vida de uma mulher jovem. Já casou? Está namorando? Está se cuidando, malhando, fazendo mãos, pés, depilação, sobrancelha? Está usando a roupa que "está se usando"? Sabe aonde ir, o que fazer, o que querer, o que dizer, o que calar, a quem querer? As pressões são enormes. Rapazes são bobos e serão cobrados pela aplicação nos estudos ou no trabalho, mas podem ser completamente desleixados nessas outras questões sem que o mundo desabe sobre suas cabeças.

Mas aí a mocinha faz trinta anos, ou um pouco mais, e vira mulher. Pode ser que esse clique aconteça antes, é verdade, mas o tempo precisa mostrar algum serviço. Não que a mulher vá se livrar, ainda jovem, das pressões externas. Pelo contrário, as pressões por resultados profissionais, ou pelo casamento, ou pelo filho, tendem a ficar mais fortes para a balzaquiana. O que muda é que ela começa a ter consciência de quem é, do que deseja, dos seus limites e, finalmente, de que seus seios não serão durinhos a vida inteira.

Ela descobre que precisa lutar pelo que quer e ajudar quem está ao lado, em vez de se comportar como a princesa que está sendo convencida a deixar o próprio reino para viver a vida mundana. Acaba a fantasia da princesa esperando o tapete vermelho da vida para dar seus passos. Começa a existir uma mulher que escolhe a vida que quer e estende para ela um tapete vermelho. Uma mulher quer ser independente e ao mesmo tempo fazer parte de algo, de uma família, de um projeto, de um sonho.

Sonhos não envelhecem, mas a pele e o cabelo, esses vão se transformando. Talvez se perca o viço e a rigidez em algumas partes do corpo, mas se ganha estrutura, individualidade, força, sabedoria.

Instrumentos mais eficazes do que a intempestividade juvenil e da sua indiscreta arrogância.

Meia-idade

Oscar Wilde dizia que não há nada como um homem com um futuro e uma mulher com um passado. A mulher só é mulher depois de se livrar das fantasias, depois que conhece a dor de verdade, e não aquela criada em cativeiro, promovida para conferir alguma dramaticidade à própria vida. A verdade é que elas são muito mais preparadas para a vida do que a maior parte dos homens quando chega a hora de lidar com a dor. Compreendem a dor como um processo natural e parecem amadurecer diante de sua grandeza. Por isso, podem até parecer frágeis, porém, são uma fortaleza gentil quando maduras.

Mais tarde, quando já estão com mais de quarenta anos, elas ficam à vontade com o espírito aventureiro e despreocupado que os homens apresentam na juventude e podem perder com a maturidade.

As mulheres quando chegam à meia-idade estão no auge. São donas dos seus narizes e começam a pouco se lixar para o julgamento alheio. Sabem o que desejam e não esperam mais que tudo venha embalado para presente. Abrem mão das fantasias de um mundo de casamento, filho e trabalho perfeito para se ajustarem ao que é possível. Um misto de resignação e de desapego que as deixa muito mais simples no jeito de viver enquanto ficam mais complexas no jeito de ver a vida.

A mulher madura sabe o que quer e isso pode ser bem limitador, mas é preciso. Ela sabe o que não a faz feliz e o que não precisa mais alimentar em termos de fachada, de preocupação com o julgamento alheio. Quando tira a roupa, tira a da alma também. Se desnuda porque é objetiva e não está mais negociando afeto ou desejo; os vive intensamente e tira da vida o que é possível tirar. Não confia mais só na beleza do corpo para agradar ao outro, e sim no empenho, no conhecimento e na observação do que a faz feliz e agrada a quem ela ama.

A mulher rejuvenesce enquanto o tempo faz seu serviço. É mais um espírito livre aos cinquenta do que aos vinte anos. E daí em diante vai ficando cada vez menos encanada. Quisera eu que o tempo fizesse tão bem aos homens quanto faz às mulheres.

Capítulo 14
O buraco é mais embaixo

Ouço, com frequência, queixas de mulheres sobre os homens não perceberem seus sinais. Coisas do tipo "eu saí do banho, depois de uma hora passando cremes, com uma calcinha nova, passei perfume e ele nada. Será que ele acha que passo perfume antes de dormir todo dia? Não estava claro que eu estava querendo alguma coisa?" Diante dessa mesma cena, eu ouviria o cara dizer: "Eu estava até a fim, mas aí ela passou mais de uma hora no banheiro... sério! Não dá para entender. Sai do banheiro toda penteada, arrumada, para ir dormir? Acho que ela estava fazendo hora no banheiro para eu cair no sono e não tentar nada."

Vamos imaginar agora que ela tivesse dito a ele que o queria. Trancar-se no banheiro e sair perfumada não comunica, amiga. Dizer que quer comunica e toma menos tempo. Ou convoca o cara para o banho, ou diz que vai se preparar para dar a ele uma noite inesquecível, ou começa a orientar onde é que ele deve passar o creme. Sei lá. Quando mulheres não são tão indiretas elas acabam conseguindo mais facilmente o que querem, ainda que não precisem ser óbvias.

O fato é que esse jogo de charadas com as quais as mulheres gostam de se comunicar é um tédio monstruoso para os homens. Quer? Fale ou demonstre! Acho que a frase que os homens mais odeiam é a tradicional "achei que você ia perceber". Na verdade, o que ela está dizendo é: "Você devia ter adivinhado!" Não, minha querida, se seu marido ou namorado fosse adivinho, ele tentaria descobrir os resultados da loteria, a cura do câncer e por aí vai. Não as coisas que você pode, simplesmente, dizer a ele.

Claro que isso nos leva a uma próxima reflexão: em algum momento você ou ele podem se deparar com a possibilidade de não saberem muito bem o que querem. Sim, esse é o real mistério com o qual vale a pena gastar o tempo. E não o mistério forjado para que você possa se fazer de vítima depois por ter mandado mensagens truncadas ou confusas e, por isso, não ser compreendida.

É ruim manter o relacionamento nesse jogo de adivinhação superficial — jogos mentais que podem entreter, mas que não levarão a nada — quando as atenções ou o afeto poderiam estar se detendo em camadas mais profundas do desejo.

O jogo amoroso

Vale tanto para o homem quanto para a mulher: falar sobre o prazer, sobre o que se quer e se espera, sobre o que "parece" ser uma possibilidade de prazer, enfim, sobre nossas particularidades e estranhezas, isso sim pode ser uma aventura a ser vivida. Transformar a vida íntima em um jogo de adivinhações, achar que, se está bonita, necessariamente vai despertar tesão e ponto final é reduzir o trato íntimo à superficialidade dos encontros físicos entre estranhos.

Você está diante de um corpo desejável em uma cama. Pode ter muito prazer ou não. O beijo pode ser muito babado, a penetração muito suave, ou antes da hora, ou muito bruta e demorada, as unhadas nas costas podem cortar todo o tesão, a língua na orelha pode encharcar tudo. Tanta coisa que seria para incentivar pode atrapalhar: o gemido ou os palavrões, tudo pode ser bom ou cortar a onda.

Claro que dois desconhecidos podem ter prazer juntos! A linguagem corporal pode dar conta de muita coisa. Observar o outro e a si é também comunicação. Como é você? O que você quer? Como é o seu gozo? Como você gosta? Será que isso vai me agradar? O que leva as pessoas a trocar de parceiros são essas possibilidades.

No início dos relacionamentos, estamos preocupados em saber com quem lidamos e em expor o que nos agrada e, principalmente, o que não toleramos. Nesses momentos, há uma janela para a experimentação. Porém, o que percebo é a maior parte das pessoas agindo como se demonstrar gostos simples garantisse uma possibilidade menor de rejeição. E lá na frente as coisas acabam por vir à tona. Passam a ser vividas de modo sigiloso ou aparecem como possibilidade em outro relacionamento possível, um relacionamento paralelo, que pode vir a ser motivo para terminar o que está sendo vivido.

As pessoas trocam de parceiros porque não conseguiram viver tudo o que gostariam — ou do jeito que gostariam. Trocam o que têm pela possibilidade de viver seja o que for, mas que acham imprescindível.

Há no código social machista a ideia de que mulheres ganham alguma espécie de prêmio por terem o desejo absolutamente sob controle. Há também o mesmo prêmio imbecil imaginário para o homem que comeu todas, de preferência as mais bonitas. Nas duas premiações, pasme, ser um péssimo parceiro é o essencial. Sim, porque a mulher que não conhece seus prazeres não há de dar prazer. A não ser que ela seja aquela coisa bonita e imóvel, destituída de notáveis sentimentos, que fica ali enquanto o cara se masturba no corpo dela.

Por outro lado, o cara que come todas as bonitonas não deve ter lá muita qualidade no ato, porque nada nem ninguém o satisfaz. Ele pula de uma para outra, pensando só em números e conquistas, em como levar para a cama e não no prazer que esse encontro pode dar. Se não fosse assim, ficaria com uma mulher que lhe desse muito prazer. Mas, como a meta é "dar conta", os extratos mais finos da sexualidade não estão em jogo. Ele dispensa mesmo o que pode lhe ser muito satisfatório em busca da eterna disponibilidade para o desejo alheio.

O que ele promete é ser um macho alfa, com promessas de filhos lindos para fêmeas alfas que acham que os dois fazem parte do clube dos seres superiores e só por isso devem se acasalar. É o clichê do cinema adolescente norte-americano: a líder de torcida com o garoto mais bonito do time. Um tédio, enfim. Afinal, o buraco é sempre mais embaixo.

É injusto julgar os belos como sendo desinteressados pelo prazer alheio, tanto quanto julgá-los mais aptos para o grande amor. Nos filmes isso pode ser verdade, mas as complicações e as inseguranças podem atingir a todos, sem distinção de peso e altura. A mulher tida como a mais bonita da turma pode ser, sem sombra de dúvidas, a mais insegura e a com expectativas mais exigentes sobre si mesma. O bonitão, idem. Desfilar com troféus contempla apenas o jogo social das aparências. A conquista é o tamanho do seu próprio ego. Melhor pensar que Ken e Barbie são uma possibilidade remota. Pelo menos para nós que não nos realizamos sendo Kens e Barbies, nós que somos gente comum com desejos incomuns.

Você faz gênero?

Como diz o meu amigo Xico Sá: "Mulher é gênero drama." Homens, incluindo a mim mesmo, são de vários gêneros: comédia, aventura, ação, terror, erótico, pornô e esportes. Vá lá, pode ser que exista também o gênero família e até o romance, ou comédia romântica, que é aquele que dá certo para os menores de 21 anos. Vamos ver o que há de errado nessa incompatibilidade entre gêneros e gênios.

O homem-comédia está de farra. Adora fazer piada sem graça em qualquer lugar, e não se intimida em perguntar pela milésima oitava vez se "é pavê ou pacumê". Ele é o diretor de clima, está sempre zoando e acha que todo mundo tem a obrigação de rir junto. Tá bom, é um exagero, mas estamos falando de clichês e de padrões de comportamento comuns que são opções claras de quem quer se inserir no convívio social assumindo um desses estereótipos. Por isso, acho que vale a caricatura. Bom, o homem-comédia é difícil de ser trazido para uma conversa séria por achar que seriedade é tristeza e porque é melhor rir do que pensar em coisas que fazem seu cérebro ficar quente e blá-blá-blá. Chato pra cacete.

O tipo esporte está sempre fazendo analogias com o futebol por achar que o jogo é um lance muito cabeça, além de superimportante e coisa e tal.

O gênero ação é o homem que faz acontecer, que lê todos os livros de autoajuda ou os manuais de "como convencer os outros quando se é chato até não poder mais". É o que sonha em ser executivo e agregar valor ao seu *networking* fazendo uma parceria socioafetiva como alguém que esteja galgando parâmetros e alavancando recursos. Esses papos.

O gênero erótico vive com água na boca, como um lobo olhando para as ovelhinhas que serão o alvo de sua próxima caçada. Então, vê uma mulher que não tem nada a ver com ele passando na rua, gosta da batata da perna dela e acha que em volta daquela panturrilha se esconde mistérios gozosos que ele precisa descobrir. Investe na criatura sem se dar conta de que uma panturrilha não é o suficiente para estabelecer nem mesmo um lance absolutamente carnal. Em algum momento, ele vai perceber. Claro, depois de perder o tempo dele e o dela.

O pornô é mais objetivo: ele quer putaria. Toda mulher tem um lado puta e um lado santa, mas ele só enxerga aquele que lhe convém. De vez em quando se dá bem, mas uma interação incrível nessa área não significa uma afinidade total nas outras. Ele pode, para facilitar seu objetivo, preferir as moças que cobram pelas aventuras do que as que estão dispostas a viver uma incrível noite sem os alicerces afetivos de uma grande paixão. Porque sacanagem desenfreada exige amor incondicional para poder funcionar.

A essa altura, acho importante dizer uma coisa: absolvo todas as mulheres de todas as críticas feitas anteriormente sobre seus comportamentos imprevisíveis e esquisitos. Elas, de fato, complicam muito a própria vida e a de seus homens — isso é inegável. Assim como os homens costumam sentir que estão levando o mundo nas costas, o tal mundo objetivo da política e dos negócios, as mulheres parecem ser as únicas interessadas nas questões subjetivas e realmente se ressentem da falta de interesse de seus interlocutores em debater o tema com frequência.

Vá ao teatro, à livraria, às exposições de arte, aos congressos de psicologia, aos shows. Elas sempre serão maioria em todos os lugares em que as questões humanas estejam em foco ou em debate. Evidentemente não conseguem imaginar a vida e a felicidade como algo que dependa de um time ser campeão ou de entrar mais dinheiro no final do mês. Acham que é preciso esclarecer e conhecer os assuntos da alma para se ter, ao menos, uma noção do que se quer da vida.

E os homens? Estão com os olhos virados para algum replay do gol de um time que não os interessa, ou estão vislumbrando as possíveis performances sexuais de alguma moça que atravessa a rua e que nem tem lá atrativos tão marcantes. Os homens são analfabetos do amor, em sua maioria.

Um dos erros deles é imaginar que as mulheres querem ser felizes. Assim, de pronto, como a maioria deles. Não necessariamente. Um casamento que resulte em alguém doente, em um filho que tenha problemas, está no plano feminino de uma vida a ser vivida com total dedicação. Homens se casam ou se envolvem com mulheres achando que serão mais felizes — e por isso entendem "que vão se divertir".

Claro que há um contentamento em se ter uma família, em se criar filhos, em compartilhar sonhos e tudo o mais. Porém, divertido não é bem o nome que se dá a isso — e como costuma acontecer na vida, vão existir momentos bons e momentos ruins.

Mulheres não costumam correr quando a coisa aperta. Elas querem superar as dificuldades e, de certa maneira, vivem procurando por elas. É maluco? É. E cadê o cidadão que, prenhe de saber e embasamento, possa ajudá-las nesse parafuso emocional?

O homem que quer aproveitar ao máximo a companhia de uma mulher precisa se esforçar para compreendê-la. Precisa tentar ler seus movimentos do mesmo jeito que ele se empenha em antecipar as oportunidades nos negócios, entender as táticas de ataque e defesa de seu time e de seus adversários, e assim por diante. O amigo desavisado que acha que, por ter um carro bacana, pau duro e ser bom de lábia está garantido no paraíso feminino está fadado a dissabores. Esse negócio de sair improvisando na vida amorosa ou sexual é de uma empáfia e de uma arrogância que justifica a implicância eterna por parte da mulherada. Não é assim que a banda toca.

O buraco é mais embaixo.

Parte três
Você tem dedo podre?

Capítulo 15
Tem, mas acabou. Onde estão os homens?

Deu o que falar um pedido feminino que rodou as redes sociais: "Será que existe algum homem hétero, disponível, no Rio de Janeiro, que ganhe mais de dois mil por mês?" Mais do que patética ou desesperada, essa era uma reclamação realista e objetiva. Acho até que pode ser considerada exemplar. É muito mais fácil achar uma mulher bacana para apresentar a um amigo disponível do que o contrário. O parceiro ideal, a alma gêmea, ou apenas alguém para viver bons momentos e curtir um lance, parece mesmo estar em falta no mercado. Ou pelo menos para os critérios da mulherada.

O papel feminino tradicional, de esperar para ser cortejada, como já mencionei, é uma roubada. A moça tem que torcer para que alguém que seja do interesse dela se aproxime. Difícil e chato. Ainda bem que isso está desaparecendo de nossos hábitos e as mulheres já se adiantam nos primeiros contatos. Daí para a frente, sabendo que há uma possibilidade em curso, até podem escolher exercitar o papel de caça e forçar o camarada a fazer a dança da salamandra doida para lhe atiçar o ego e os hormônios. Podem. Não quer dizer que fazem ou deveriam fazer.

Por isso acho que o popular "cu doce" pode ser um tiro pela culatra. Enquanto uma está fazendo charminho, se valorizando (?), tem sempre uma outra mostrando empenho em agradar e, óbvio, levando vantagem. Na boa, quando o homem percebe que a mulher se esforça para satisfazê-lo se sente valorizado e isso conta pontos. Todo mundo quer abrigo e chamego. E todo mundo tem autoestima para proteger.

O fato é que as coisas andam mesmo difíceis para as mulheres solteiras. Se existem mais mulheres do que homens (e as pesquisas apontam mesmo uma pequena margem a mais), o muxoxo geral faz crer que esse desequilíbrio é muito maior.

Vamos tentar averiguar algumas explicações para isso. As mulheres galgam cada vez mais lideranças no mercado de trabalho, posições de destaque no mundo intelectual e político, e vão tornando o equilíbrio de oportunidades desejado e justo uma realidade. Mérito total delas e aplaudido por aqueles que têm juízo. No entanto, seu desejo de encontrar alguém que esteja no mesmo nível ou acima, alguém que elas possam admirar, torna suas opções mais restritas.

Quando a mulher diz que quer um cara solteiro, heterossexual e que ganhe dois mil por mês, ela evidentemente está estabelecendo um padrão mínimo. Alguém que estudou, tem um estilo de vida e planos que incluem viagem nas férias, ir ao cinema, teatro ou show com alguma frequência etc. Não estamos falando de luxos, mas de uma vida razoavelmente confortável e com alguma diversão. Esse, imagino, deve ser o perfil da maioria das nossas moças disponíveis. Ou pelo menos das que lutam para ter opções e reclamam por não encontrar.

Acontece que essa moça costuma ler livros, sabe o que está acontecendo no mundo, vai a espetáculos e também se preocupa em estar em forma e cobra de si mesma estar em dia com cabelo, unha, depilação etc. Claro, ela também não gosta de andar malvestida nem de ter, ao seu lado, um cara malcuidado. Normal. Não estamos falando aqui de nada extraordinário, não é mesmo?

Pois é. Agora pense no camarada que mora com os pais e que ganha o que ela considera o mínimo aceitável. Ele não compra livros, discos, não vai ao teatro, prefere gastar em bares e futebol, além do carro que parece ser um item indispensável para todo homem que quer ter uma vida sexual.

As moças, então, começam a considerar que ele está fora do páreo. O cara mora com a mãe e não pensa em sair de lá para não perder o conforto da roupinha lavada, comidinha ao gosto dele e pronta na hora etc. Além disso, não se interessa por cultura, é "acomodado", vive uma adolescência longeva, não pensa em um envolvimento mais sério, não tem planos de família e casa própria, não fez as viagens maneiras que ela sonha (vai ver nem planeja fazer) e não se sente pronto para grandes responsabilidades. É da juventude, pelo menos a masculina, achar que o tempo está ao seu lado. Também é característica dos homens jovens se divertir com muito pouco. Chamam isso de "ser desencanado". Vai ver estão certos.

É triste constatar que homens, em geral, não se preparam para a vida amorosa. O pensamento parece ser simples: são homens; mulheres precisam ou desejam homens; pronto, assunto resolvido.

Fazer-se admirável para uma mulher é fundamental para conquistar seu coração, sua mente e seus quadris. Isso deveria ser um item importantíssimo na agenda masculina, e não apenas a aposta na opção "carrão, relojão e corpão sarado". Nunca vi uma mulher dizer que pirou no relógio do cara, embora sinais exteriores de riqueza sejam recursos poderosos de sedução para qualquer gênero ou orientação sexual. Elegância é distinção.

A mulher precisa admirar um homem para desejá-lo. Esse é o infortúnio feminino nos dias atuais. Não faltam homens. Faltam homens admiráveis — pelo menos de acordo com os padrões femininos.

Gays não reclamam

Os homens compreendem que é fundamental que mulheres ganhem espaço e assumam responsabilidades e lideranças. O problema é que, quando uma mulher é líder, os homens que estão abaixo dela na cadeia profissional passam a ser, para seus critérios, desinteressantes. As opções começam a rarear. Será isso uma condenação? Será que o modelo anterior, em que eles eram "a cabeça do casal", provedores, deixava o sexo masculino em igual conflito?

Já viu algum homem lamentar a dificuldade de encontrar alguém que eles admirem? Eles podem ser fisgados por admirarem um jeito de andar, um cotovelo, uma pinta na bochecha. Costumam ser fáceis, principalmente quando estão carentes. Nesse momento, acho oportuno observar: não vejo gays reclamarem da falta de homem. Por que será? Porque tradicionalmente os homens, gays inclusive, se acostumaram a fazer outros tipos de avaliações em suas escolhas amorosas.

Em tese há mais homens interessados em relacionamentos com mulheres do que com outros homens. Ainda assim, os gays não reclamam da falta de opção. Será porque são menos exigentes? Será que a admiração não é tão importante para eles? Tendo a crer que os homens são mais variados na definição daquilo que podem definir como admirável.

A parceria é uma coisa que homens costumam valorizar muito. O modo como a companheira vê a vida, como faz o cara se sentir importante, mais forte; como faz o dia ficar mais leve só com sua presença; como permite que ele possa ser ele mesmo, sem ter que medir palavras ou esconder desejos ou medos. O jeito dela com crianças e velhos, o coração e a capacidade de amar que o deixa seguro de que uma família com ela pode ser um projeto duradouro e feliz.

Ele busca alguém que colabore, que faça com que seja mais fácil lidar com as agruras do dia a dia. Alguém que valorize os pequenos prazeres da vida e o ajude a imaginar um futuro possível. Essas coisas podem conquistar em definitivo um homem, muito mais do que peitos bonitos. Mas, é claro, o cara há de ter maturidade para perceber o valor dessas coisas.

Não é, no final das contas, o que ela é. É como ela é, como age, como se torna fundamental e insubstituível na vida dele que faz um homem largar seu parquinho de diversões pueris e se jogar na aventura a dois. Mesmo que ele não perceba.

Há, na análise feminina sobre um pretendente, muito mais pragmatismo. As mulheres têm o dom de iludir e os homens gostam de ser iludidos. Ou, então, não se preocupam muito em ler as letras pequenas e outros sinais indicando que a gata pode ser uma lebre.

É verdade que há também o canalha que diz e finge ser o que for preciso para conquistar uma mulher. Contudo, tenho tendência a crer que elas são mais safas, até porque buscam ajuda de amigas, de amigos, de universitários, de gurus etc. quando querem avaliar um cidadão. Homens acham que sabem se virar bem sozinhos e, por isso, se ferram com muito mais frequência. Já reparou que o macho genérico dificilmente pede ajuda quando está perdido no trânsito? Perguntar para quê se eles podem ficar rodando horas a fio até achar o caminho?

O pragmatismo delas pode resultar em análises do tipo: "Ele chamou para jantar e pagou a conta. O que isso significa? Será que espera uma recompensa na mesma noite? Será que é do tipo provedor que acha que tem que arcar com a parte mais pesada? E se for? Ele jamais vai aceitar que eu ganhe mais ou que coloque minha carreira em primeiro lugar? Ah, vai ver ele está me testando! Vai ver quer saber se sou do tipo que se encosta e vai ficar mais seguro se eu exigir dividir a conta!" Ela pode passar horas nessas indagações.

Sua mente pode ser ocupada com questões similares se a atitude do cara for outra: vai que ele resolve dividir a conta ao meio, com centavos incluídos. E, pior, vai que pede para ela pagar? O que estaria por trás disso? A noite pode ser comprometida pelo excesso de encanações dela e o fundamental, se o pretendente é uma companhia agradável ou não, pode ficar para uma avaliação futura. Pior é a moça desistir de um cara só porque ele ainda não está pronto. Eles nunca estão. Nem elas! Desistir do que está lá, com potencial, esperando só a sua colaboração para ficar excelente? É imaturo!

Conhecendo os homens, tendo a achar que as coisas para eles são mais simples. Se estão sem grana, pedem para elas pagarem, mas sempre antes de sair e nunca na hora em que a conta chega. Se for esse o caso, o cara é um pão-duro, um folgado ou está tentando fazer com que a moça desista dele. Ele também pode não achar nada demais rachar a conta, mesmo tendo consumido mais, porque, quando for de outra forma, quando ela pedir um prato mais caro, ele vai dividir do mesmo jeito. Vai ver o cara está sendo gentil porque foi ele quem convidou, e vai pagar uma vez e aceitar numa boa se ela o convidar em outra circunstância. Custa começar do zero com cada pessoa nova?

Curioso como esse comportamento à mesa pode ter uma analogia muito grande com o que pode acontecer na cama, minutos depois. O fato é que homens e mulheres prestam atenção a aspectos diferentes de um pretendente. Elas avaliam se o cara vale o esforço de se arrumar para sair. Eles avaliam se ela vai ser uma boa trepada, o que pode ser o início de uma possibilidade de romance. Ou seja: ela quer um cara com quem possa sonhar e ele alguém com quem possa passar a noite acordado. Tudo bem, ainda assim pode dar certo.

Gays não reclamam da falta de homens, mesmo tendo muito menos homens disponíveis para escolher do que as mulheres, porque olham quem está acima, abaixo, ao lado, do outro lado. Falta de critério? Talvez. Ao menos, critérios menos exigentes. Vai ver é só o desejo tomando as rédeas na hora da escolha.

Afinal, existem muitos tipos de prazer, muitas possibilidades de noites divertidas. O encontro da pessoa ideal é apenas uma das possibilidades no parque de diversões que pode ser a vida de solteiro.

Cinderela e Peter Pan

O problema é antigo: a moça que tem complexo de Cinderela acha que vai ser feliz com o cara que tem síndrome de Peter Pan, e os dois não combinam nem um pouco. Esses dois modelos arquetípicos foram muito discutidos nos anos 1980 em livros de psicologia que viraram best-sellers. Talvez esses personagens ainda estejam por aí, mesmo que um pouco modificados. Mulheres que apostam na própria beleza ou na capacidade de sedução como o mecanismo mais eficaz para encontrar um príncipe de conto infantil, redentor e definitivo, ainda podem morar nos recônditos da alma das autônomas mulheres contemporâneas.

A ideia de que ser bonita pode ser suficiente para garantir fortuna e amor eterno inclui também ser absolutamente irresponsável por suas escolhas ou destino. Afinal é o príncipe quem escolhe. Ele é rico e paga por tudo, e ela não faz nada ou vai cuidar da roupa suja, sei lá. O fato é que essa mulher escolhe ficar no banco de trás na viagem de sua vida, sem ao menos saber para onde está sendo levada. Mas é linda e fica encantada com os efeitos de seu encantamento. Se ela goza só com o desejo do outro são outros quinhentos. Porém, se existe essa aprisionante fantasia, existe também o despertar desse pesadelo.

Do outro lado, ou melhor, na mesma pista, existe o Peter Pan, achando que é melhor não crescer. Mitos como o de Kurt Cobain, Hendrix, Amy Winehouse e todos esses que morreram antes dos trinta anos parecem comprovar que os melhores se vão cedo ou só são os melhores porque não foram atingidos pela cruel ação do tempo que a tudo estraga e derruba. Sim, tudo cai, tudo esfria e todo mundo vai embora um dia. Contudo, ser jovem no coração é melhor do que ser imaturo. E homens precisam saber a diferença entre uma coisa e outra.

Não é o vigor e a energia juvenil que vão fazer uma mulher feliz ao seu lado, mas isso pode ser suficiente para atraí-la. Será o seu interesse em conhecê-la, aprender seus caminhos e intuir o que ela mesmo não sabe sobre suas carências e desejos, protegê-la de seus fantasmas e de suas próprias sabotagens, ser um braço firme e delicado a lhe dar a mão na estrada da vida. Complexo, não é? Mulheres são.

A vida está dura para todos. No entanto, acho que as coisas ficariam mais fáceis se as mulheres ampliassem a lista do "gosto disso" sem deixarem de ser criteriosas. É preciso ter critérios, senão a vida vira bagunça. Se forem menos juízas e mais parceiras no jogo amoroso, as possibilidades aumentam. Se olharem para três degraus abaixo na cadeia profissional e virem um homem bacana, que as faz sorrir, gozar e é um ótimo papo, talvez percebam que podem admirá-lo pelo que ele é, mesmo que não seja tão rico, talentoso nem lindo de morrer. Cada um tem seu encanto. Mais que isso: cada um tem seu potencial, e a parceria com alguém que acredite e invista nele pode ser fundamental para que ele se realize.

As mulheres também precisam saber que não se pode ter tudo. O macho três-em-um, que é ótimo amante, provedor e conserta tudo em casa, pode ser dividido em três, e dois deles não te levarão para a cama.

De boas amizades podem nascer romances. Perguntaram a mim, há tempos, se eu poderia me apaixonar por uma amiga. "Sim", respondi, "só não me apaixonaria por uma inimiga".

Capítulo 16

Nenhum homem presta. Só tem mulher maluca. As queixas que todo mundo faz

"De perto ninguém é normal."

"Laranja madura na beira da estrada/ Tá bichada, Zé, ou tem marimbondo no pé."

São muitas as frases feitas. "Não existe café de graça", "Esmola demais...", vou poupar você de mais exemplos. A simplificação de meu amigo Claudio Torres Gonzaga é indestrutível: "Homens são bobos e mulheres são chatas. O resto são variações sobre o tema." Então, você pensa em um figurão do STF e não imagina que ele seja bobo. Ou pensa em uma comediante divertidíssima e não acredita que ela seja chata. Sim, às vezes é o contrário. Homens são chatos e mulheres são bobas. Mas é só às vezes.

Photoshop no desejo

Se a gente avaliar as revistas dirigidas aos públicos masculino e feminino genéricos, pode ter uma ideia mais precisa sobre esses julgamentos tão severos quanto comuns. Homens não prestam mesmo? Só existe mulher maluca? Ou será que esses são os que ganham destaque, enquanto uma maioria silenciosa faz seu trabalho cotidiano para desmantelar velhas verdades? Prefiro acreditar na última opção. Porém, vamos às revistas.

Para cada dez revistas femininas existe uma masculina. Simples: homens leem menos. Curioso que existam também dez lojas de roupas femininas para cada loja de roupas masculinas. Homens usam menos roupas? Sim. Usam menos peças e as repetem à exaustão, o que as mulheres procuram evitar. Então, sobre o que tratam as revistas masculinas?

Não sou leitor frequente delas — preciso deixar isso claro antes de fazer minha avaliação, porque ela pode estar desatualizada ou ser por demais imprecisa. Revistas masculinas tratam de mulheres sensuais, objetos de consumo que podem ser algum tipo de fetiche (relógios, *gadgets*, carros e motos) e dicas de como se divertir (lugares onde mulheres vão). Também dão dicas de coisas que podem ser usadas para seduzir e como usá-las, mas não sei se isso é o que garante as vendas. Sei lá o que garante o interesse masculino.

Na realidade, acho que as páginas esportivas são o principal interesse dos machos genéricos. Mulher pelada é outro interesse; no entanto, com a vastidão pornográfica na internet, não sei se alguém ainda compra uma revista para ver peitos ou bunda. Está claro que avaliar o capital sexual das moças e investir num relógio, moto ou carrão que defina que tipo de homem você é parece ser um fator comum nos leitores desse tipo de revista. Acho que homens jovens e com fantasias de consumo e realização pessoal são o foco. Algo do gênero: se eu chegar lá, o que comprarei? Quem serei? O que vou vestir e que tipo de mulher vou querer ao meu lado. Para onde vou viajar?

Nessas revistas, há um manual de como ser o que "todo mundo quer ser". Há um nome para isso em "marquetês", acho que é "desejo aspiracional" ou coisa que o valha. Há uma orientação, evidente, de como se comportar no mundo feliz dos que podem gastar muito com uma vida hedonista e luxuosa. Como se ter um relógio caro fosse fazê-lo sorrir a cada cinco minutos. Como se a gente precisasse olhar para o relógio a cada cinco minutos. Como se relógios fossem itens de primeira necessidade ou definissem nossas personalidades. Hoje em dia todo mundo usa celular e eles marcam as horas. Vai entender.

Nada contra ter um relógio bom. Nada mesmo. Só não acho que seja uma coisa que nos defina. Talvez sirva para mostrar aos outros o quanto temos para gastar com nós mesmos — e o quanto queremos mostrar para quem interessar possa. As revistas masculinas parecem falar com solteiros e propor novidades caras que ficam obsoletas a cada semestre. Para o homem que começa a ascender na vida profissional, há uma variedade enorme de prazeres oferecidos, além dos objetos de consumo, aquelas "delícias" que deveriam ser objeto de desejo de todos porque são bonitas, sedutoras e ficam perfeitas depois do Photoshop. Essas revistas orientam os caras a se preocuparem com aspectos exteriores, com produtos de preço alto e validade curta. Como ninguém dá conta de seguir esse manual — e ele não dá garantias de trazer felicidade —, fica a sensação de que o modelo sugerido há de causar mais frustrações a respeito do que se é, do que se tem e de quem está ao lado do que necessariamente ensinar a se divertir. O tal impulso aspiracional impulsiona o cara para o consumo e não para a satisfação pessoal.

As revistas femininas fazem, a seu jeito, a mesma coisa. O cabelo perfeito, a unha incrível, a "barriga negativa", a panturrilha definida, a pele sedosa e sem marcas, a maquiagem ideal para cada hora do dia, tudo é o início da conversa. As roupas que você precisa ter. Os sapatos que farão você arrasar. As dez maneiras de tirar a roupa que farão o cara perder a cabeça. Os lugares que você precisa conhecer antes de morrer. Os cursos que você tem que fazer se quiser subir na carreira.

A lista de coisas que a mulher não é e deveria ser é enorme. A lista de coisas que ela deveria ter e não tem, idem. A lista de coisas com as quais deveria se preocupar, além de trabalhar, malhar, se cuidar, cuidar dos seus, é gigante. E, para resumir, você não está mesmo ao nível da vida que deveria ter. Tudo que possui é pior, mais velho, mais feio, imperfeito, gordo, cafona etc. Seus sapatos não são do tipo que silencia os salões quando você entra. E que salões são esses, afinal? O *play* do seu prédio, onde você vai numa festinha infantil, conta? Será que vale a pena se arrumar para o seu namorado ou marido que não tem aquela barriga tanquinho como o cara da revista?

É como diz uma amiga: "Mulheres querem ser admiradas por outras coisas além do corpo, e homens também, além do sucesso. Mas o ideal impossível gera frustração. E isso vende revista. O ideal romântico e o consumismo nasceram na mesma época, já notaram os historiadores."

As queixas são muito grandes por causa das frustrações geradas pela "vida ideal" ou "a maravilhosa vida dos outros" que são retratadas nas revistas que folheamos distraidamente enquanto avaliamos erroneamente nossa vida e nossos sonhos. É difícil dar conta de tudo.

A vida real é complicada e cheia de surpresas e solavancos. Quando aprendemos a lidar com um problema aparece outro. Conviver exige esforço e paciência.

Marte e Vênus

Grande parte das neuroses dos relacionamentos vem do desencontro entre desejos, necessidades e vontades. Não há a necessidade de explicar o porquê das pessoas surtarem quando emoções profundas estão envolvidas. Elas surtam e ponto final. Existem, porém, coisas que podem ser diagnosticadas e cuidadas. Há que se afinar o instrumento de tanto em tanto tempo para que ele funcione bem. É assim com tudo na vida.

Lembro-me de alguns fatos mencionados por amigos que podem ilustrar essa ideia. Uma amiga saiu de uma festa com um cara, o prolongamento da noite foi muito bom, mas eles já estavam cansados. Preferiram marcar um almoço no dia seguinte a fim de consumar o que prometia ser um bom encontro. O cara chegou com a filha de dez anos apresentando-a como a "nova namorada do papai". Pois é, antes mesmo de ter rolado algo mais íntimo, ela já estava sendo escrutinada por uma menina ciumenta e constrangida.

Outro amigo narra que saiu algumas vezes com uma moça que o instigava, seduzia, provocava, mas agia como se estivesse sendo estuprada na hora em que ele reagia às provocações. Ele recuava. Até que um dia, depois de umas caipirinhas, resolveu avançar. Ela mordia e assoprava, mas dessa vez com mais despudor na hora de se mostrar excitada e mais violência na hora de demonstrar o quanto se sentia invadida com a audácia dele em passar a mão nos seios dela, mesmo que ela já tivesse partido para carícias muito mais quentes no corpo dele. Será que preciso entrar em detalhes?

Resumindo, um dia ela resolveu tirar a roupa e o mistério foi revelado: ela só conseguia transar em posição fetal, com os braços apertando as pernas em direção ao peito e com a cabeça entre os joelhos. Tinha que ser assim! E com o rosto voltado para a cama. Meu amigo disse que se esforçou horrores para tentar se encaixar, porém achava muito difícil. Tinha que ser na beira da cama, meio agachado, tentando fazer com que ela separasse um pouco os pés para ver se pintava uma brecha. Ele desistiu e ela partiu para a ofensa, dizendo que ele era brocha, reclamando que, se não queria, não deveria ter insistido e coisa e tal. Ele concordou, sem pestanejar. E trocou o número do telefone lamentando que os encontros tivessem sido na sua casa. Vai que a doida pinta de surpresa?

Outra amiga contou que teve uma paixonite por um cara que, na semana seguinte, partiu a trabalho para o Oriente. Depois de uma semana intensa se curtindo, era a hora da despedida e ela sugeriu que ele fosse em paz, que, se eles ainda estivessem disponíveis na volta, ela gostaria de tentar um reencontro. Ele, por sua vez, sugeriu que ela o esperasse, porque tinha a intuição de que aquela era uma chance que aguardava há tempos. Disse também que tentaria fazer com que a viagem de três meses durasse um só. Acabou que 15 dias depois ela estava do outro lado do mundo, conferindo a paixonite que tinha aparecido em hora tão pouco propícia. Ficaram em lua de mel e mantiveram contato em tempo integral durante os dois meses que se seguiram. Quando faltava um dia para voltar, ele, por mensagem de texto, disse que tinha mudado de ideia. Não queria mais saber dela e moraria em definitivo no país em que estava. Voltaria para o Brasil só para fechar a casa, ajeitar a mudança e partiria de uma vez por todas. Por mensagem de texto? Um dia antes do almejado reencontro? Pois é.

Homens são sempre trastes? Nenhum presta? Depende. Se você se refere ao fato de que o macho genérico quer sexo a toda hora e está disposto a fazer qualquer coisa para conseguir, tenho que concordar. É o que a gente vê por aí.

O cara acasala e metade da disponibilidade dele para fazer coisas divertidas vai para a parte de cima do armário. Sair para algum lugar, avaliar as possibilidades e tentar arrastar de lá alguém debaixo do braço parece ser um modo de vida. Um jogo divertido, ainda que cheio de tocos, trepadas maldadas, mulheres malucas, "atrações fatais", possíveis golpes de barriga e toda a sorte de infortúnios que podem infernizar a vida dos que não sabem muito bem onde estão pisando.

A maior parte dos machos genéricos que se encontra na noite está só a fim de se divertir. E tem muita mulher no mesmo espírito, ou fingindo que está em busca de um grande amor quando está mesmo é na esbórnia. São os resquícios do machismo orientando as pessoas. Fazendo crer, por exemplo, que homens gostam mais de sexo do que mulheres. No fim, todos querem a mesma coisa e não sabem como conseguir. Querem sexo bom — o que se consegue com autoconhecimento. E, é claro, com o afrodisíaco ideal, o amor, ele há de ficar muito mais apimentado e interessante. Ou deveria.

Esta parece ser a questão por trás do homem que não presta: a sua impotência para com o sentimento. A banalização que ele mesmo faz de sua intimidade. É como se fazer sexo fosse ir ao banheiro: atender a uma necessidade, por vezes urgente, mas que perde a importância um segundo depois de atendida. Um famoso roqueiro uma vez disse: "A mulher ideal é aquela que às quatro da manhã se transforma em meia dúzia de cervejas e uma pizza."

Existe necessidade e existe vontade. Mas e o desejo? Quando um homem age assim, pode ter certeza de que ele não está atendendo aos próprios desejos. Não está buscando o melhor. Está é fazendo o tempo passar, nem sempre da melhor forma ou em companhia realmente agradável. Isso ele só percebe imediatamente após o orgasmo. Então, começa sua obsessão em se ver livre daquilo, fugir, correr até desmaiar, pois a intimidade compartilhada com alguém que não tem nada a ver é mesmo de causar um tédio assombroso.

A vontade de explorar novas possibilidades, aumentar o número de conquistas, se dar bem, seja lá qual for o mote ou a justificativa, inclui uma solidão profunda e angustiante ao lado de alguém que está doido para conversar. Alguém que — por mais contraditório que possa parecer, já que estão nus — o cara não quer conhecer.

O macho genérico quer comer a maior quantidade de mulheres e não enxerga o óbvio: se alguma delas realmente fizesse sua cabeça, ele abriria mão dessa engenhosa e exaustiva caçada para curtir sua conquista extraordinária. O cara pode ser educado, gentil, divertido, mas se está perdido quanto a seus objetivos, vai machucar e ser machucado.

Capítulo 17
As eternas insatisfeitas

Elas estão em todos os lugares. Apreensivas, angustiadas, ansiosas, preocupadas, à beira de um ataque de nervos. Não que sejam as únicas. A vida é dura para todos e não distribui senhas para cercadinhos vips. Uma coisa, contudo, é certa: as mulheres estão sempre dispostas a demonstrar suas insatisfações. Reza a lenda de que elas reclamam de tudo quando estão felizes, porém, quando se calam, é porque a coisa ficou realmente feia. Aí é que devemos nos preocupar.

Já disse que mulheres contemporâneas andam muito sobrecarregadas e acatando, do mundo e de si mesmas, cobranças infinitas. Por isso, devolvem ao mundo essa insatisfação com o cenho franzido, ainda que de sobrancelhas feitas. Não é uma TPM contínua, mas talvez algumas confundam a "guerreira" que sai pela vida em busca dos sonhos com a "barraqueira", disposta o tempo inteiro. É mais um estado basal intranquilo, como quem vê a vida passando alheia aos próprios desígnios. A vida que insiste em não lhes obedecer, as pessoas que nunca estão agindo do modo ideal, os dois quilos a mais que só incomodam a elas e tantas outras coisinhas miúdas.

Não são as namoradas que acham que deveriam ser. Ou não conseguem ser, pois na hora da discussão, acabam falando o que não deviam ou queriam e criam confusões que nem sempre haviam planejado. Não são tão boas mães quanto planejaram ser, nem tão boas filhas e amigas, muito menos as superprofissionais que precisariam ser para bancar os próprios projetos e custos. O saldo está sempre negativo.

A eterna insatisfeita é aquela para quem a nota 9,5 está muito distante da nota dez. Ela gosta de olhar para o que está errado. O cara está lá empenhado em fazê-la feliz e de vez em quando comete erros. Ela se lembra desses erros o tempo todo e costuma passar de raspão quando se trata do reconhecimento dos acertos de seu par. O parceiro se sente injustiçado, mas percebe que ela faz o mesmo consigo própria. Também se critica muito. Só não aceitará que diga isso a ela: quem já está submersa em cobranças não permitirá que seu parceiro lhe venha com mais críticas. Por isso se diz que uma mulher não discute com você, ela só lhe explica por que está certa. Ou que o casamento é uma instituição formada por uma pessoa que está sempre certa e um marido.

E se o povo fala que a vaca é malhada, ao menos uma pinta ela tem. Talvez seja o caso de examinar tal comportamento e ver qual é a dele. Será autossabotagem? Parece que sim.

Sabemos que mulheres gostam de demonstrar afeto se preocupando. Veja, por exemplo, sua mãe: a mulher pode ter a cabeça mais sensata do mundo, mas na atividade materna é doida de pedra. Ser mãe é ter o direito de surtar o tempo todo. Ou, como alguém bem definiu: "Ser mãe é uma queda livre em parafuso no paraíso." Ela vai dormir de porta aberta para escutar se está tudo bem no quarto do filho. Então você fala que o bebê já está com 23 anos e ela responde: "Mas e se ele se engasgar de noite?" Não discuta com uma mãe preocupada! Ela acha que aquilo é amor e ninguém corta seu barato! Invariavelmente, ela pede para o menino levar um casaquinho, o que não custa nada. Não adianta ele dizer que a temperatura beira os quarenta graus e ele está indo para a praia. E o golpe de ar? Você não sabia? O ar treina lutas marciais para dar golpes em marmanjos que vão à praia sem casaco, desobedecendo suas zelosas mamães!

Freud já desconfiava que mulheres eram sacos sem fundo. Nada poderia deixá-las satisfeitas. Talvez porque não queiram, no fundo, se satisfazer. O desejo é a mola, o motivo, o impulso, a chama. Desejos satisfeitos são a morte. A mulher quer querer, é isso o que ela quer. Digo do alto de meus chinelos, prenhe de saber e prepotência. Bom, vá lá, é o meu chute.

Mulheres querem querer. O que possa ser querido. O que falta. Você apresenta o sol e ela sente falta da sombra, da noite, da lua, do mistério. Apresenta a noite e ela sente falta das cores, do calor, de enxergar ao longe, das certezas e da alegria inerente à luz. Você diz a coisa certa, na hora certa, mas não diz do jeito certo, e ela repara. Ela pode ser chata, porém, aponta o que pode ser melhor, o que pode vir adiante, o que há para se desejar. Essa é a graça de amar as mulheres. Saber que são incompreensíveis e que estão sempre nos levando para a próxima página, para a próxima charada, para o próximo gozo, para o próximo drama.

Mulheres não são para principiantes, pois estes pressupõem que elas querem ser felizes. Quem disse?

Quem gosta de novelinha acaba sozinha

A vida é cheia de drama, é um fato. Não há por que ficar procurando por ele. Entendo os aficionados por esportes radicais, amantes das montanhas-russas, e gente que gosta de emoções fortes e de testar limites. De alguma maneira, isso nos faz sentir a vida e o sangue pulsando mais forte nas veias. Há uma diferença, porém, entre apreciar a montanha-russa e morar nela.

Crises e explosões a toda hora, filhos bastardos, traições entre irmãos e toda sorte de dramas podem agitar a vida de uma pessoa. Também podem transformá-la numa novela mexicana. Sejamos sinceros: pensar assim é um tanto louco. A ideia de que as paixões cheias de idas e vindas são as mais fortes é besteira. Erra quem leva as coisas a ferro e fogo porque acha que assim vive mais intensamente. Na verdade, quem aproveita mais a vida é quem joga melhor com as cartas que ela lhe deu. As plantas crescem na direção da luz. Quem só procura desgraça jamais fará alguém feliz. Nem sabe o que é isso.

Existem pessoas que são viciadas em adrenalina. Adoram emoções frenéticas. Não acham que você se mostrou de verdade enquanto não te virem mostrando os dentes de ódio. Elas acham que o "verdadeiro eu" é aquilo que aparece em situações-limites. Como se o ódio não tivesse nenhum efeito colateral.

Por outro lado, às vezes vejo pessoas justificando escolhas amorosas dizendo que fulano é uma boa pessoa, bom caráter, confiável, tem bom temperamento e coisas do gênero. Dá vontade de dizer: "Você está escolhendo o síndico do seu prédio ou sua cara-metade?"

Ninguém consegue levar a vida emendando um dramalhão no outro. Não é tão estranho que gente assim, viciada em baixo astral, procure quem esteja vivendo fases ruins na vida. Gente que está na merda não tem como antever que o "solidário" providencial é, na verdade, um vampiro a lhe sugar toda a energia. Também não é fácil perceber que aquela mulher meio temperamental e doida, apesar de boa de cama (as doidas costumam ser, pergunte por aí), é uma gincana diária a lhe roubar o sossego e nunca lhe dar um prêmio.

Estabelecer prioridades é também saber para qual santo você quer rezar: para o dos problemas ou para o das soluções.

A medida do amor, repetirei sempre, não é o sofrimento. É o vazio que fica quando você está só sem ser só. Afetos de filhos, amigos, pais, irmãos, animais de estimação, todos contam. Porém, existe aquela pessoa para quem você fica com vontade de mostrar as coisas interessantes que vê na rua, num dia qualquer. Essa pode ser a medida. Alguém com quem sinta falta de conversar horas e horas sobre nada demais. Ou sobre tudo. Sobre as coisas sérias, sobre a morte da bezerra, sobre a vida alheia e sobre o quanto é bom ter alguém assim em nossas vidas.

Montanha-russa só de vez em quando. Não seja uma. Não more em uma. Falou a voz de quem já errou tanto na vida que acha um tédio ver os outros errando. Desculpe pelos verbos imperativos, mas fica a dica.

Capítulo 18
O vício em gente difícil. O cafajeste e a complicada

Uma amiga que é tranquila, desencanada, bem-humorada, confessa: acha que, de alguma forma, leva desvantagem. Ela diz que os homens preferem as complicadas. Talvez gostem das complicadas porque as amam, arrisco eu, *apesar* de serem complicadas. Assim como mulheres gostam de cafajestes ou, até mesmo, de canalhas — não exatamente por causa dessas — ausentes — qualidades. Gostam porque gostam e o item complicador talvez seja apenas um elemento encurtador da história. Além, é claro, de fonte de sofrimento.

O que talvez confunda a minha amiga e muitas mulheres seja sua referência para acreditar que um amor foi importante. Você pergunta para uma mulher quem ela mais amou na vida e ela, em muitos casos, vai responder que foi quem mais a fez sofrer. A medida do amor não é o prazer, a felicidade; é a dor. Quem quase a levou à loucura será visto como o grande amor. Gente complicada e difícil, com qualidades e traços sedutores ou, simplesmente, gente que amou e fez amar além dos limites. Seja lá um amor saudável ou não. Tendo a dor como parâmetro de grandeza, relacionamentos infelizes dão essa impressão de serem importantes. Será que são?

O fato é que homens e mulheres se defrontam com este doloroso dilema: machuca mais quando o amor é maior? Ora, nem tudo o que machuca é amor e nem todo amor é encrenca.

Claro que existe quem esteja se sabotando, que não consiga ser simpático ao que lhe faz bem e que vive procurando no mundo um algoz que lhe ofereça o confortável lugar de vítima. Tem muita mulher que vive assim, repetindo padrões e relacionamentos infelizes. Há também quem não tenha a sorte de, mesmo com a cabeça no lugar, encontrar alguém que lhe queira bem de verdade. Amor é muito imprevisível mesmo para quem fez muita terapia e sabe se relacionar bem.

Quem mais te fez rir? Quem mais te fez gozar? Quem te fez ter a sensação tranquila de ser aceito e pertinente? Quem te fez bem?

Minha amiga e muitas pessoas talvez não percebam que lidar com uma compulsão não é necessariamente gostar, ainda que seja mobilizador. Não saber lidar com sentimentos poderosos e se render ao que lhe faz mal não é exatamente gostar. Amar, que me perdoem os poetas, não é sofrer.

O charme do cafajeste, porém, é inegável. Os cafajestes têm mesmo qualidades impressionantes e os homens precisam observá-los atentamente para aprender o que eles têm que agrada às mulheres.

O cafajeste sabe ouvi-la. Esse é o segredo principal. Ouvindo-a atentamente, sabe o que dizer para desarmá-la e fazer com que caia em seus braços. Sim, o cafajeste sabe que qualquer mulher será uma amante muito melhor ao se entregar por inteira, e é isso que ele quer, e não só um nome a mais em sua lista. Ele quer a mulher em toda a sua potencialidade amorosa e sexual. A arma que tem para conseguir isso é dizer exatamente o que ela quer e precisa ouvir para se entregar. Ele deseja o corpo, sim, mas quando este está imbuído das premências da alma.

Errado é acreditar que cafajestes são infiéis por natureza. Eles são fiéis a si mesmos, antes de tudo, e ao seu desejo e prazer. Entre uma verdade sem graça e uma mentira interessantíssima, acabamos preferindo a segunda. É mais criativa.

Estas duas coisas simples, ouvir e dizer o que é preciso ser dito, não são habilidades comuns aos machos genéricos. Quando se inicia na vida amorosa, o homem não pergunta a ninguém como deve fazer, como agradar ou o que sua parceira espera dele. Sai fazendo e fingindo uma maturidade que não tem. Talvez passe a vida toda tentando intuir o que a mulher deseja sem perguntar ou, pior, achando que ela está curtindo, já que nunca reclama. E se alguma reclamou é porque era chata e ponto final.

Cafajestes x canalhas

Há, porém, uma advertência a se fazer: canalhas e cafajestes são diferentes. O cafajeste faz a mulher de brinquedo, e o canalha é um inescrupuloso que ferra a vida dela, dos filhos, dos marcianos e de quem mais se atrever a cruzar seu caminho. Não que esse seja o objetivo dele. É que lhe falta a percepção do que é certo ou errado, do que os outros pensam ou sentem e de que existe algo importante no universo que não sua vontade, suas ambições ou seus caprichos.

O cafajeste é um brinquedo perigoso; o canalha, uma arma letal, uma bomba acesa. O cafajeste, de alguma maneira, sinaliza que não é alguém para se apostar todas as fichas. O canalha convence toda sua família a colocar as economias em seu empreendimento antes de sumir e deixar todo mundo duro, com os carnês de crediário nas mãos. O cafajeste é um malandro, o canalha é o cara mais "confiável" e sério do mundo até que se descubra que não vale nada. Um ilude, o outro engana. Um não é sério e o outro é caso de polícia.

Um tem prazo de validade: ou muda ou some. O outro deixará marcas profundas e será danoso mesmo se não sumir. Pior, ele pode até sumir, mas seus danos ficarão indeléveis para sempre.

Chave de cadeia

A mulher complicada, a doida, a chave de cadeia, também pode ser a mais sedutora das criaturas. Antes de aparecer em algum *meme* na internet pedindo o chip do celular de volta ou dando sopapos na ex-melhor amiga, ela pode ter passado discretamente por vários radares antimaluca. O personagem feminino da pistoleira, ou interesseira, ou a que dá o golpe da barriga, ainda existe e consegue enganar boa parte dos marmanjos fazendo um arzinho angelical e desprotegido.

A que convence o marido de que matar o filho do casamento anterior vai ser bom para a nova família, por exemplo, pode ser muito sedutora e considerada linda por todos os que a conhecem. E o marido que topa pode ser o "partidão" da cidade! A história dá exemplos de gente doida e com "boa aparência" e "de boa família" diariamente. Malucos assassinos, cruéis como carrascos, podem estar com a roupa da moda, ostentar o maior corpaço, ter dentes bem-enfileirados e sorridentes à espera dos desavisados. Não existem traços de psicopatia aparentes para quem olha de longe. Psicopatas podem ser lindos!

    Gente difícil é uma expressão que precisa, reconheço, ser relativizada. Entre o maluco de carteirinha e a pessoa cuja história e vida sentimental é complicada existem vários níveis. Acredito piamente que devemos nos interessar pelo lado sombrio de quem nos cerca. Devemos conhecer, compreender, tolerar, ajudar a superar o que for possível e fazer com que a pessoa que amamos possa se sentir confortável ao nosso lado, mesmo quando sabemos quem ela é em sua completude. Um dia, se o romance não existir mais, temos que ter a consciência de que a intimidade e a confiança que nos foi depositada não nos permite falar desses pontos frágeis com descuido. Isso é lealdade e respeito, que devem ser sempre preservados, independente de qualquer outra coisa.

    O macete é saber diferenciar quem tem problemas de quem é doido de pedra e incurável. Fácil nunca é. Mesmo quando nos esforçamos para que seja — e isso sempre acontece.

Capítulo 19

Que tipo de homem você atrai?

O *meme* circulando na web mostrava a foto de uma mulher rezando em contrição com os dizeres: "Deus, mande-me um homem bom!" Em seguida, uma imagem de Jesus com os dizeres: "Ué, eu mandei e você disse a ele que eram apenas amigos." Pois é. O cara ideal, aquele que está a fim de agradar, não é nem de longe o preferido das mulheres. O que pode ser mais desinteressante para uma mulher do que um cara bonzinho? Ele é sempre gentil, ri das piadas dela, está disponível quando ela precisa e sabe se calar ou se afastar quando ela está chateada ou de mau humor. Aos olhos da moça esse cara é um nada!

Bom é aquele outro que diz que vai ligar e não liga. Aquele que a convida para sair e ela descobre que saiu com outra. Ah, este é emocionante, é difícil de dobrar, é um cavalo selvagem querendo ganhar o mundo e não aquele dócil pangaré selado esperando ser montado para, juntos, desbravarem domésticas aventuras. Conselho de amigo: mulher não quer que o homem a leve para aventuras, mas que ele seja, em si, uma aventura.

Algo simples: se você procura alguém que te faz infeliz, não reclame depois. E não venha com aquela conversa de que falta homem. Você não quer um homem, quer é um problema para chamar de seu — e se o cara facilitar você acha que ele não tem valor. "Laranja madura na beira da estrada/ Tá bichada, Zé, ou tem marimbondo no pé", dizia o samba que a inspira. Pois é, com tanta mulher no mundo o mané foi cismar logo com você? Deve ter algo errado nisso, ou pior, deve ter algo de muito errado com esse cara! Mulheres gostam de frequentar clubes que não as aceitam como sócias.

Se você não é interesseira, mas fica extasiada ao ver o poder que o cara tem, a fortuna, a influência, a sabedoria, ou o que for, se prepare. Há muitos sacrifícios no caminho do poder e da fortuna. A solidão é um deles e, talvez, o mais frequente. O vício em drogas, por exemplo, ou em álcool, não é uma constante na vida das grandes estrelas por acaso. O isolamento nos quartos de hotéis, estar sempre longe dos seus, do próprio travesseiro e de cenários familiares, guarda uma aridez profunda. Dificilmente se passa incólume por uma carreira espetacular. Ser notável tem um preço alto.

O cara ou a mulher que atingem tais patamares pagam caro. Quem está ao lado pode pagar mais caro ainda. Nada como saber o preço do ingresso antes de entrar no cinema. Amores que exigem sacrifícios podem ser muito interessantes. Convivência restrita ou uma permanente distância podem ser estimulantes até que se perceba que só o poder e a conquista importam. O resto, inclusive você, é silêncio.

Culpa dos poetas

Volto àquela afirmação de que os relacionamentos considerados mais importantes pelas mulheres foram aqueles em que elas mais sofreram. A mulher acha que sofrer é amar e amar é sofrer, e a canção popular não a deixa se convencer do contrário. Um amigo lembra aquele relacionamento tranquilo que ela teve, aquele em que ela dizia que não saía do quarto, e a moça completa: "Ah, era uma bobagem, mas foi divertido." Sim, alguém que a faça gozar muito só é importante se lhe criar algum problema grave, der um desfalque, tiver uma penca de filhos no interior, uma segunda ou terceira família, e por aí vai. Como dizia o cronista do cotidiano Antonio Maria: "A mulher não aguenta mais de um mês de felicidade. Depois desse prazo, ela sente fome e sede de desgraça. Só não vai embora se não tiver condução!" Um sábio da canção popular!

Sua vida não vai mudar se seus valores não mudarem, minha cara. Se continuar plantando as mesmas árvores há de colher os mesmos frutos. Simples assim.

Agora vamos, de brincadeira, observar qual o seu tipo de roubada preferida.

O poderoso

Você ama homens decididos e que apresentam aquele espírito de liderança? Pois é, você é candidata a arrumar um que seja autoritário, que saiba exatamente o que deve ser feito e como, evidentemente do jeito dele e na hora dele! Você vai ser figurante no seu próprio filme.

O pavão

Você é das que sonha com um homem lindo, daqueles que aparecem nas publicidades com cara de mau humor e barriga tanquinho? Meu parceiro Leoni apontou, em uma de suas letras, um personagem que tinha abdômen definido e ideias confusas:

> Eu descanso meus olhos e me sinto perdido
> Converso na praia com mulheres e homens
> De ideias confusas e abdômens definidos

Claro que existem homens assim e que são ótimas pessoas, mas se ele for bonzinho você vai achá-lo bobo.

Provavelmente você vai escolher um pavão narcisista e um tanto promíscuo. Afinal, não falta mulher querendo desfilar ao lado do macho alfa. E ele é lindo, né? Na maioria dos casamentos felizes que conheço não são esses os caras a conduzir a parada, nem mesmo as misses ou top models, e sim os que se empenham e botam mais fé no que têm que fazer e não na fachada. Podem até ser lindos, mas não é isso que vai ser decisivo.

Olha, não sendo atleta, se o cara tem aquele abdômen é porque gasta muitas horas de seus dias empenhado em ser absurdamente atraente. E não deve ser para uma plateia de uma mulher só...

Não tenha preconceito nem com os feios e nem com os lindos, eles devem ter algum probleminha lá no fundo para você curtir. O que importa é como te tratam, se te querem bem e se contemplam o seu prazer ou só o deles. Os pavões costumam transar olhando para si mesmos no espelho numa espécie de masturbação com figuração — e você pode ser a figurante.

Assim me relataram amigas que pararam na mão dos homens-objeto. Cabe a ressalva: os seres lindos não são necessariamente homens ou mulheres-objeto, e mulheres e homens-objeto nem sempre são lindos. Por isso, não saia comemorando se aquele "deus grego" te der mole. Tem uma pessoa ali dentro, e pode ser o Dorian Gray. Ou um cara maravilhoso. Bonzinho, claro.

O sem ambições

Aí aparece aquele cara que parece ser um pai exemplar, um marido que está perfeitamente adaptado à ideia de que talvez você tenha que colocar suas escolhas profissionais acima das dele e não vê o menor problema em ser quem dá mais atenção às compras do mês, ao pagamento das contas da casa etc. Ele tem habilidades nessa área! Cozinha bem e adora preparar seu doce predileto para recebê-la com açúcar e com afeto. Pois é, esse cara talvez não ganhe tanto quanto você, não vai impressionar suas amigas nem te levar com tudo pago para um pequeno idílio em Seychelles.

Pelo contrário, ele topa uma pousadinha graciosa na serra, desde que o quarto tenha uma lareira para iluminar seus corpos suados. Se tiverem um carro só, ele poderá perfeitamente deixar com você e sair de bicicleta ou de ônibus. Você dirá que ele é fofo, que lhe trata muito bem, mas que não é um cara que você admira. Porque essas coisas que ele faz, ao seu ver, só são admiráveis quando feitas por uma mulher. Você tende a crescer mais rápido no campo profissional, não é mesmo? Daqui a pouco ele não vai estar mais no seu patamar. Falta a ele ambição. Até porque a ambição de ter você e lhe fazer feliz é uma bobagem, não é mesmo? Pois é, eu compreendo.

O tradicional

Aí você encontra um cara que é um macho genérico. Um cara que não tem reflexões muito complexas, mas tem gostos simples, é correto, disciplinado e tem uma missão, na qual está focado. Tudo com ele é simples até que deixa de ser. Quando a conversa exige um tanto de sofisticação, ele a encurta. As conversas com ele tendem a ser ou objetivas ou triviais, e só abandonam esse território para ficarem bem desagradáveis. O tosco não é de perder tempo com conversas longas. Na cama, ele não é muito de preliminares. Nem na vida. Ele realmente sabe o que quer e não está disposto a tentar novas possibilidades nem a escutar essas besteiras que estão dizendo por aí sobre homens terem um pouco mais de sensibilidade. Os caras assim ou são fracos ou confusos — o que ele, obviamente, não é. Segundo as normas dele, que fique claro.

Uma vez que você resolva andar algumas casas para trás e escolher a roubada tradicional, saiba que as quartas-feiras e domingos à noite serão sempre sem sexo. Ele vai ver o jogo. Depois, ou ele vai estar chateado porque o time perdeu e ver todas as resenhas para entender o porquê, ou vai estar feliz, curtindo a vitória e querendo ver todas as mesas redondas para curtir o porquê. Torça por empates. Sua única chance. Nos finais de semana ele vai jogar pelada e visitar a família dele. Restaurantes? Só aqueles em que há um televisor ligado. Adivinha em qual canal?

Pois é, se você gosta de teatro, balé, exposições, livros, conversas ou viagens instigantes, torça para que ele não se incomode e a permita continuar curtindo. Ele não é e não será companhia. Ah, ele é ponta firme! Se você tiver algum problema sério, ele vai estar lá. Só não vai conversar muito sobre isso. É para isso que você tem suas amigas, não é mesmo?

O bicho do mato

Esse tem uma variação bem parecida: o bicho do mato. Pode ser um doce de pessoa, afável e interessado em você, em sua família, em seus assuntos e tudo o mais. Só que ele odeia sair de casa. Odeia restaurantes que não sejam aqueles das antigas em que a comida é boa e a decoração não. São mais baratos e não têm aquele frisson de gente esperando na fila. Olha, o homem bicho do mato é ótimo se você quer ter um sitiozinho no interior. Fica o aviso: você jamais dará uma festa! Dificilmente vai frequentar uma. Ele não gosta de comprar roupa e nunca se sente bem em lugares que não permitem bermuda e sandália de dedo. Ele é relaxado, tranquilo e não se liga em cortar as unhas dos pés. E vai soltar quantos peidos ele puder na sua frente. Não é adorável?

O rei da noite

Saindo de uma história com esse aí você pode se ver inclinada a sair com outro que é da noite. Boêmio, tem sempre uma história divertida para contar. Tem uma turma animada de amigos que acaba sempre em um botequim. Batizado do filho de alguém às 8h30 da manhã? Acabou, eles vão para o boteco mais próximo, pedem uma cervejinha e começam a contar casos engraçados e vão emendando até que estejam completamente de porre e impossibilitados de qualquer outra atividade no final da mesma tarde. Porém, se horas depois algum amigo chamar, ele pode tomar um banho e partir para o segundo tempo em outro botequim.

Olha, esse tipo vai te ensinar tudo sobre o samba. Vai ser uma companhia sempre animada, mas dificilmente para encontros a dois. Ele só gosta de frequentar os lugares aonde seus amigos vão. Quando se encontram, fazem questão de se sentarem juntos e fazer com que a mesa vá aumentando junto com o teor etílico e o volume da voz. Se você não se importa com pau mole e bafo de cachaça, vai ter o momento da sua vida! Só não se chateie se ele sumir no carnaval. Pois é, de janeiro a março ele pode desaparecer do radar. Muita coisa para fazer, muito amigo para ver e muita cerveja para entornar. E, claro, muita mulher nova circulando. Os amigos precisam de um pouco de privacidade, não acha?

O que seria perfeito, se não fosse...

Agora tem aquele cara que é e tem um trabalho interessante, se veste com elegância, é refinado, sabe te desafiar e surpreender em debates sobre os mais variados temas, e gosta de te ouvir. Acha que você é única, sexy, louca, maravilhosa. Está maduro nas questões emocionais, curado de suas feridas sentimentais, faz ou fez terapia, tem muita criatividade na cama e pode dar aulas sobre habilidades sociais. Pena que você e ele estejam sempre de olho nos mesmos caras.

O esboço

Por fim, tem aquele cara que está doido por você. As qualidades dele não são tipificadas. Ele não está pronto, mas tem um enorme potencial. Talvez tenha que aprender alguma coisa, ler um livro, tratar de um sintoma, perder alguns quilos, ganhar alguns músculos, trocar os óculos por lentes, tomar um banho de loja, receber bons conselhos para se colocar melhor nos negócios, fazer o mundo enxergar seus talentos e capacidades. Enfim, esse cara só está precisando é de uma grande mulher. O resto ele tem. Ou terá.

Capítulo 20
Que tipo de chata você é?

Assim como é fatal o desaparecimento do macho genérico, sempre imaturo e incapaz de lidar com as complexidades do mundo íntimo, acredito que a mulher complicada e perfeitinha também precise urgentemente de uma revisão. Há drama suficiente na vida sem que seja necessário acrescentar chatura. Porém, as chatas estão aí. Elas sabem que são chatas e não se preocupam nem um pouco com isso. Cuidam de todos os detalhes físicos, são muito atenciosas quanto ao estado de suas unhas e distribuem mal-estar a esmo como se isso não causasse nenhum impacto.

Elas acham que podem ser chatas o quanto quiserem desde que a unha esteja com uma francesinha de Pétala com Via Láctea e a sobrancelha muito bem-delineada. Não se permitem o descuido visual, mas não fazem muita questão de serem "bem-cuidadas" na atuação subjetiva. Não, mulheres, não será a beleza, ou a insuficiência desta, o que vai ditar sua felicidade e, até mesmo, aceitação entre os pares seja lá de qual gênero ou orientação. Será o seu astral e a sua forma de se fazer presente. Ninguém gosta de chatura. Ou não gostará mais, em algum momento do futuro, acho eu. Embora existam chatas de muitos estilos e intensidades.

A maternal

Camille Paglia já andou avisando à mulherada que se elas continuarem agindo como mães de seus homens não poderão reclamar por eles serem infantis. Pois é. Leva um casaquinho uma ova! Pergunta se acha que vai sentir frio! — se for o caso. Adultos, em geral, sabem lidar com o tipo de roupa certa para cada clima. A companhia de uma mulher não é saudável se virar uma dependência. Me refiro a algo do tipo: "Se não fosse eu como é que ele iria se virar?" Assim como não é bacana a versão machista: "Sou eu quem traz o pão para esta casa, eu decido tudo."

Os territórios devem ser compartilhados. Isolar os homens das decisões domésticas ou supor que não sabem se cuidar, ou, ainda, achar que eles estarão mais interessados em manter a relação por serem dependentes é bobagem. Não seja mãe. Você pode perder a competição para a original. Ou pelo menos vai ser excluída das fantasias sexuais dele. Ninguém gosta de imaginar a mãe fazendo sexo — imagino o porquê.

A dona uruca

A chata desconfiada também é um clássico. Ela está sempre esperando pelo pior. De seu homem e de tudo na vida. Como está sempre atenta a tudo de ruim que pode acontecer, acaba agindo como um cachorro que foi mordido por cobra e fica muito cabreira quando vê uma linguiça. Especialmente a do parceiro! Ela sempre poderá adiar as coisas boas e antecipar as ruins. Ou mesmo discutir enfaticamente como será depois que detonarem a bomba atômica no seu quintal, uma vez que é óbvio que isso um dia vai acontecer e — por que não? — pode bem ser na semana que vem. Se o homem não está ligado na possibilidade, é porque é um desalmado que deixa o bem-estar da família em último plano, porque não se importa, porque quer que ela morra mesmo. E por aí vai. Estou exagerando, claro, mas essa mulher existe e é aquela que acha que a negatividade é uma contribuição valiosa, que desmanchar prazeres é o mesmo que desiludir.

Aqui faço um parêntese: embora a palavra desilusão seja sempre citada em canções como uma coisa fatídica que dá início ao sofrimento, a desilusão é, em essência, o mecanismo que evita a tragédia e não o que nos coloca nela. Se está iludida, está sendo enganada. Se ficou desiludida é porque começou a ver com clareza. Estava sendo tapeada e não está mais. Pode até ser difícil, mas triste seria deixar as ilusões lhe orientarem rumo ao pior, não é mesmo?

O poço de ciúmes

A chata desconfiada também se alinha com a ciumenta. Todo afeto que o coração de seu interessado nutrir será para ela um inimigo. Não falo nem do desejo. Talvez ela nem ligue se ele vira na rua para olhar uma bunda. Mas se rir e demonstrar felicidade em outros encontros, mesmo com os amigos, ela vai achar que ali tem coisa. Até que começa a ter. Pelo bem de sua vítima, torço por ele!

A garota enxaqueca

Ela gosta de filme de terror, suspense, drama e acha todas as comédias muito bobas. Pois é, elas são engraçadas exatamente por suas tolices. Vá lá, fazer rir é mais fácil do que fazer chorar, porque a maior parte das pessoas no mundo está, a qualquer hora, a fim de dar uma risada. Ela não. Leva tudo muito a sério. Acha que ser uma mulher séria é se demonstrar incapaz de um sorriso. A não ser que seja um sorriso complacente, quase beato. Uma gargalhada poderosa, jogando a cabeça para trás, recurso de tantas outras para seduzir uma presa, ela acha vulgaríssimo. Praticamente jura que se uma mulher provoca risadas em uma conversa de mesa de bar é porque não é digna. Ela é traumatizada? Pode ser.

Porém, a gente também tem o direito de escolher como os traumas vão afetar nossa vida. Vamos deixar que nos incapacite? Se quisermos, não. A graça é uma necessidade para a saúde mental e para solidificar os laços invisíveis que se dão entre pessoas que nunca juraram nada, mas seguem juntas na vida: os amigos. Ninguém pede a mão de um amigo. Riem juntos e isso basta. A que não ri é mais confiável? Só no mundinho cinzento dela. Chata pra cacete.

A tagarela

Outra chata comum é a matraca. Fala mais do que pobre na chuva. Mais do que o homem da cobra. E fala rápido e sem ponto ou vírgula para não dar brecha para ser interrompida. Caiu no caldeirão de cocaína quando era criança e saiu pela vida disposta a metralhar os outros com palavras. O problema do grilo falante é que a falta de síntese faz qualquer tema interessante ficar um tédio. Ela não quer qualidade nos discursos, mas quantidade.

Há também a possibilidade de quase tudo o que ela fala ser importante só para si mesma. Difícil ter tanta coisa bacana para dizer todos os dias da vida, não é mesmo? Há chances de que esse falatório seja só a vontade de chamar a atenção para si mesma e impedir que seus interlocutores tenham tempo para ver a vida e contemplar a história. Pode ser que seja involuntário. Vai ver é uma compulsão, como qualquer outra. Talvez tenha tratamento, talvez não. Sei lá.

Para atenuar sua existência, existe o caladão. Ele pode se sentir aliviado por ter em sua companhia alguém que só precise de um "aham" de vez em quando. Ou ela pode ser uma leitora voraz e uma ótima contadora de histórias! Quem sabe se começar a escrever? Vai que é uma grande escritora em potencial gastando sua saliva com um só ouvinte, quando podia estar cavando com suas palavras um lugar de destaque na eternidade? Pois é.

O nível da chatice dela pode alcançar a estratosfera se ela falar muito alto e com a voz muito aguda. Aliás, as que falam aos berros podem até ser as criaturas mais inteligentes do universo, daquelas que a gente quer anotar tudo o que dizem, porém, mesmo assim, seus interlocutores, ao ouvir seus brados lancinantes, vão querer sair correndo até desmaiar. Essa chata é um inferno ambulante, não importa o que diga. O que vai contar é a quantidade de coisas que ela diz, na velocidade e volume em que diz. A voz esganiçada é bônus.

Mulheres gostam de conversar e adoram homens interessados em suas conversas, que lhes dão ouvidos, que as desafiam intelectualmente. E há homens, estou entre eles, que gostam de falar, que se sentem estimulados ao debate, e podem ser tagarelas, mas também saberão ouvir. Nada de errado. Desde que exista a troca. Isso é muito diferente de solar enquanto alguém fica lá fazendo a base, jogando nota fora até não poder mais. Até na música isso é notável: os melhores solos são aqueles que o público consegue assoviar ou decorar. Pense no David Gilmour do Pink Floyd, ou no Chet Baker. Voltemos às chatas.

A sargenta

Tem a que gosta de pressionar. Ela tem um ascendente em capitão Nascimento e lua em personal trainer. Ela acha que você e o mundo precisam estar sempre sob pressão para poderem render ao máximo.

Precisa lhe incentivar a "se colocar mais" nas relações de trabalho, o que significa que você tem que ser mais encrenqueiro. Ela sempre acha que você podia ter feito mais ou melhor e pode falar horas sobre as idiotices que você fez ou faz. Quando alguém passa mal na rua, ela é aquela pessoa que toca o terror em todos os que estão à volta. Grita para um ligar para a ambulância, berra com o outro para buscar um copo de água, urra aos céus para que "Alguém faça alguma coisa imediatamente!", com muita ênfase no *alguém*. Ela faz isso: dá ordens e cobra, mas não faz absolutamente nada além disso. Ela acha que já é muito! E se alguma coisa der errado ela dirá: "Você nunca faz o que eu digo!"

A economista do prazer

Tem aquela que gosta de dar toco. Ela não está a fim, mas quer que você esteja o tempo todo, para ela confirmar seu interesse e poder assumir as rédeas do desejo na relação. Faz-se o que ela quer, quando ela quer, se ela quiser. Acredita que é melhor manter o beduíno morrendo de sede no deserto porque qualquer gotinha d'água que ela liberar vai ser para ele uma hecatombe de prazer. Ela gosta de controlar a torneirinha do pode/não pode, e adora ser desmancha-prazer. Dar prazer? Bom, se ela quisesse ou soubesse, talvez não fizesse tanta economia, não é mesmo?

A purinha

Tem a que é "pouco rodada". A que diz: "Nunca fiz isso, ou melhor, tentei uma vez, mas não curti." Ela praticamente quer te convencer que, embora seja balzaca, é quase virgem. De alguma forma, ela acha que isso a valoriza. Deve mandar mal. Ou querer esconder um passado nebuloso. Por faltas ou excessos. Ela também vai dizer que não tem fantasias, que é só aquilo naquela hora, o que ela sente, e que erotismo é bobagem: sexo é uma coisa fisiológica. Se ela disser que você é o segundo, acredite. Pra que discutir com a madame?

A sem ideia

Tem a chata "você decide". Ela não sugere absolutamente nada nunca. Porém, adora gongar todas as sugestões que você dá. Isso o leva a crer que ela sabe exatamente o que quer, mas prefere que você assuma a responsabilidade da sugestão para o caso de alguma coisa sair errada. Aí ela pode ficar reclamando o quanto quiser por você ter feito uma péssima escolha.

A comeu e não gostou

Uma parecida com essa é a emburrada. Ela sempre está com a cara fechada por algum motivo que nem os mais hábeis adivinhos conseguem supor. Você joga nos búzios, contrata a CIA, pergunta para os sábios e ninguém tem uma pista sequer da origem daquela tromba. Se for perguntada, ela dirá, desinteressada: "Nada não." Talvez exista alguma coisa. No entanto, a reclamona básica, que a gente vê a toda hora, não está necessariamente emburrada. Esta aqui sempre está. Esta é mais sinistra. Tem sempre uma nuvem cinza sobre a cabeça e quer que os outros fiquem lhe cercando e procurando apaziguá-la. De alguma forma, há sempre uma dívida com ela e não há possibilidade de que essa dívida seja saldada. Ela quer ficar de tromba. Ponto.

A macho alfa

Diametralmente oposta a essa existe um tipo mais atual: a chata "macho alfa". Ela faz tudo o que você faz, fala mais palavrão que qualquer amigo tosco, toma as iniciativas e abre as portas, puxa as cadeiras etc. Ela trata o homem como se este fosse uma mulher. Ou melhor, como um macho genérico trataria uma mulher. De algum modo obscuro, ela quer ser o namorado gay e cheio de testosterona de seu homem. Fala grosso e alto e gosta de dar ordens, praticar esportes radicais. É rústica e rude, embora possa ser um tanto perua, também. Mas isso... Quer dizer, deixa para lá.

A titereira

A chata manipuladora, o nome já diz. É gêmea da emburrada. Ela adora uma frase que não quer dizer nada: "Estou só falando." Sempre sai com essa frase quando é confrontada. Enche o saco, mas não assume, escondendo-se atrás de um papo enviesado.

A intuitiva

Lembro-me de outra chata que ainda não mencionei, a crédula. Uma amiga era assim. Cismava com um cara e "acreditava" piamente que ele era louco por ela. Mesmo quando o romance entre eles já não tinha dado certo há séculos. Isso a induzia a ligar para ele a qualquer hora da madrugada. "Ele está precisando de mim agora, eu sinto!"

O fato é que ela seguia seus instintos malucos com fidelidade canina e era uma *stalker* completamente sem noção, porém, acreditava em suas fantasias e achava que o sujeito, ao fugir dela com horror e pânico, estava comprovando o que todo mundo devia crer: ele a amava e só tinha era medo de assumir. Por isso, ele tinha mudado o número do telefone — para as outras mulheres não ligarem. Por isso, tinha saído das redes sociais — porque queria ficar disponível só para ela. Enfim, só camisa de força daria jeito.

Contudo, caso indagada sobre sua insanidade, ela diria: o amor é assim, gente! Extrapola!

O fato é que a chata, ou o chato, existem em todos nós. Em algum momento, por um breve período, todos nós temos nossas chatices ou manias. O problema é que em alguns casos esses comportamentos passam a ser dominantes.

A maioria das pessoas pode ter um ou outro desses sintomas de vez em quando, e não devemos nos assustar com isso. Mesmo quando o sintoma é nosso. O que precisamos observar é que, como diria um amigo que adora aeronáutica, o avião que faz pirueta não é o supersônico, é o teco-teco. A moça que é mais do tipo comum, não é tão bonita ou magra nem tão estilosa, pode ser a que é mais gente boa. Esse traço não vai estar exposto na estampa. Só a interação poderá revelar.

E os homens estão todos esperando uma companhia feminina que seja divertida, ainda que tenha lá suas complicações. Autônoma e independente, sim, mas que não seja uma máquina voltada para a carreira e saiba se divertir e achar horas no dia para leveza e descompressão. Que saiba rir de si mesma e que saiba ser camarada, companheira, jogar junto, colaborar, incentivar, elogiar e dizer claramente tudo o que quer. Sim, a chata que acha que seu parceiro "tinha que ter sacado" tudo o que ela pensa é a pior de todas.

Capítulo 21
Onze motivos para o sumiço dos homens

Você conheceu um cara ou está começando a conhecer. Não dá pra dizer ainda se é um lance que veio para ficar. Ele acabou de pintar na sua vida, que andava monótona, e você não pode dizer que está apaixonada, mas sim interessada. Então, ele some por uma semana. Na segunda semana, você acha que ele vai aparecer morreeeeendo de saudade e o telefone continua mudo. Nem mensagem de texto e nem sinal de fumaça.

Pois é, como muitas mulheres e provavelmente como a si mesma em outras circunstâncias, você está diante do desaparecido misterioso.

Su-miu! Sem dar palavra, escafedeu-se! Qual seria a razão? Podemos listar aqui algumas possibilidades para que, com seu sexto sentido maravilhoso, você possa escolher qual parece mais adequada ao seu caso. Ou ex-caso. Vai saber!

1 – Ele é covarde

O adeus é um rito, um fato, uma data. Sumir é covardia. Digamos que o cara deixou as coisas andarem sem planejar nada e de repente percebeu que estava sendo considerado namorado de alguém com quem ele não planejava assumir nenhum compromisso. O que ele faz? Some. Saída à francesa lhe parece uma boa ideia. Afinal, ele entrou sem combinar nada e acha que pode sair da mesma forma.

2 – Ele fez lambança

Ele fez merda. Chegar para uma mulher e confessar um vacilo é para poucos. Acionar o modo "ódio" em uma mulher, se dispondo a encarar de frente a metralhadora falatória, é realmente um ato de contrição digno dos bravos. Nem sempre as mulheres partem para a agressão física, isso é mais comum aos brutos, embora elas gostem de dar uns tapas educativos na cara. Contudo, as agressões verbais parecem não ser motivo de vergonha e muito menos censuráveis. Elas podem se divertir como uma gatinha matando lentamente uma barata, uma vez que o marmanjo confesse uma estupidez ou uma canalhice.

Pois é... Se o cara gosta da mulher, ele tem que se candidatar a isso. Ouvir calado e deixar para que ela pense na possibilidade de perdão depois de um bom sumiço — a pedido dela, é claro. A chance de voltar, se ele tiver sorte, depende disso. Sumir e deixar que ela descubra a bobagem que ele fez é pior. Chances de voltar sempre existem, mas alguns fantasmas podem se mudar em definitivo para o armário. Coragem, vacilão!

3 – Ele está te poupando

Outra possibilidade: ele sabe que você não vai curtir a "real" e quer lhe poupar. Os machos genéricos se fiam na certeza de que as mulheres não são capazes de ouvir um não. Eles tomam fora de mulheres ao longo da vida, em doses regulares, três vezes ao dia por anos e se acostumam com isso. É do jogo. Porém, morrem de medo de dizer a uma mulher que não estão mais a fim. Ela vai perguntar o porquê, e essa é a questão.

O velho "não é você, sou eu" pode ser o último recurso. O fato é que uma mulher não deveria perguntar isso. Algumas coisas são melhores quando não são ditas. Ele pode dizer que gosta de você, mas não tanto quanto acha que deveria gostar a ponto de assumir compromissos. Seria sincero, porém não seria suficiente. Invariavelmente, a mulher iria querer saber o nome da outra, se é mais magra que ela e coisas do gênero. Pode não haver outra. Pode ser um monte de coisas e o cara, se for cauteloso e respeitoso, vai lhe poupar dos detalhes.

O macho genérico acha que a mulher, ao ouvir uma negativa, vai entender como "você não é boa o suficiente" quando ele quer dizer "não somos uma dupla". Ele teme que a reação dela possa ser começar a espalhar para o mundo feminino que ele tem pau pequeno, bafo e ejaculação precoce, seguido de "não sei como fui perder meu tempo com esse traste" para, em seguida, contar que, no meio de uma transa, às 2h17 da madrugada, ele atendeu o telefone, saiu de dentro dela e foi bater papo com a mãe bêbada e louca que liga o dia inteiro, principalmente no meio do sexo. Sim, a criatividade aparece nessas horas.

4 – Ele é mentiroso

Vai ver ele não está nem aí em poupar a sua namoradinha ou ficante. Ele simplesmente inventou um monte de historinhas para entrar nas suas calcinhas e já nem lembra mais qual era o mote. Camaradas assim estudam as presas como bons caçadores. Pesquisam para saber o que elas querem ouvir e vão se dedicando. Até aí nada de mais. Vai que eles descobrem na "caça" a mulher de suas vidas? Homens são mais sinceros em seus atos do que em suas palavras.

Se ele não está a fim e some, pode estar fazendo um favor a você. É deselegante? Claro. Mas se o mentiroso é pressionado, pode ir aumentando o nível do vínculo e, com isso, o do estrago. Os que prometem tudo e não entregam nada mentem o tempo todo, porém, têm atitudes muito evidentes. Melhor observar o que fazem e não o que dizem.

5 – Você forçou demais a barra

Ele pode, de repente, perceber que você é uma daquelas que gostam de planejar a vida. Saíram três vezes, foi divertidíssimo e a transa foi boa. Porém, você, ao se despedir, sempre pergunta: "Quando é que a gente vai se ver de novo?" Ou pior: "A que horas você sai do trabalho?" O que deixa subentendido que, uma vez que você apareceu na vida dele, a não ser que tenha atestado médico ou como provar que estava trabalhando, o tempo dele já não mais lhe pertence. Você vira uma obrigação e não um prazer.

Pode ser que já se vejam há um mês ou pouco mais, e você já deixou claro que tem uma rotina preparada para a semana. Os dias em que vocês vão se ver e quais outros programas farão. Também tem planejado os lugares para onde vão viajar, um dia. E já sondou se ele gosta de crianças e se quer ir ao batizado do filho de uma prima.

Ele percebe que você está muito interessada em um relacionamento. Não necessariamente nele. Se encontrasse o Harry Potter, ele pediria a capa da invisibilidade. Homens não gostam quando percebem que são apenas figurantes nos projetos alheios.

Lembro-me de ter ouvido uma vez uma moça dizer que não achava nada demais o casamento ter durado menos de um ano. "Prefiro ser separada do que solteira." Se sua vítima soubesse disso a tempo, teria poupado muita dor de cabeça e dinheiro às duas famílias.

6 – Ele não está pronto

Sim, pode ser que ele não esteja maduro ainda. Afinal, qual a vantagem em amadurecer? Explique para um homem o que você espera dele em um relacionamento mais sério e ele vai preferir jogar videogame com os amigos, todos na casa dos quarenta anos. Quando um relacionamento é bom para um homem, ele mergulha de cabeça. Se a mulher o faz feliz e ele a ama, é como se estivesse pronto desde os quatro anos. Porém, nem sempre a felicidade do homem está contemplada no projeto do "relacionamento sério". Aposto que se o nome fosse "relacionamento divertido" haveria muito adeptos.

Homens andam levando a adolescência aos estertores porque morar na casa da mãe é maneiro. As mães podem infantilizá-los indefinidamente e curtir o fato de que nenhuma sirigaita é capaz de roubar o pimpolho dela. Afinal, ela o ama mais que todas. E há mais tempo!

Sair, se divertir, ter umas transas boas e outras más, conhecer várias mulheres diferentes soa parecido com viajar e conhecer o mundo de mochilão. O cara pode estar pensando em sua vida afetiva como alguém que acabou de sair para conhecer o mundo. Por mais que ele goste de você, que você seja a pessoa certa, ele ainda vai guardar aquela dúvida sobre outras possibilidades inerentes ao amanhã e ao além.

Deixe-o ir. Se ele ficar maduro um dia, e se tiver sorte, quem sabe você pode até dar outra chance.

7 – Ele vem de uma bola dividida

Vocês estão se vendo há algum tempo e está sendo surpreendentemente gostoso. Ele pode e deve ter demonstrado alguma pressa no processo. Decidido demais, intenso demais, interessado demais, até um pouco ansioso. Curiosamente, embora as coisas andem bem entre vocês, parece haver uma permanente insatisfação no ar. O cara demonstra uma aparente avidez em cada encontro, querendo sempre mais (o que te faz pensar que ele está com os quatro pneus arriados), comum a certa distância. Então, você fica com a cabeça em parafuso.

Esse quadro me parece o do cara que está doido para se livrar de um lance que não é nem de longe satisfatório, trocando-o por um outro que *precisa* dar certo. Ele está empenhado nisso. No entanto, é preciso dizer, não está emocionalmente disponível. Provavelmente essa expressão seja desconhecida para ele. O cara só quer superar algo que o mobiliza internamente. Está rolando uma coisa que pode substituir aquela outra e ele vai investir muito para que dê certo. Daí a impaciência. E não será só a impaciência. Se ele, por exemplo, tomou um chifre, estará angustiado. Vai pensar que você ainda não está totalmente na dele e examinando outros currículos, fazendo outros test drives, o que o deixará ainda mais tenso.

Se ele vem de um pé na bunda, está empenhado em provar a si mesmo que não é o zero a esquerda que sua ex fez questão de dizer. Acontece de mulheres, quando estão a fim de terminar, serem um tanto eloquentes. Esse cidadão estará empenhado em limpar seu nome na praça e provar que merece o sétimo céu e, por isso, vai subir degrau por degrau. De joelhos! Porém, não estará feliz. E vai desaparecer.

Você não precisa aceitar; talvez possa identificar os sinais. Ele está realmente curtindo tudo, mas não está nem um pouco convicto de que esse lance vai dar certo. Tudo por causa daquela outra que o fez sofrer e que ele ainda não superou. Talvez porque não tenha feito ainda o luto, dado tempo ao tempo ou trabalhado internamente os pontos que ficaram em aberto.

Se algo realmente importante aconteceu e o magoou, talvez precise mais de um amigo ou terapeuta do que de uma substituição redentora. Pode ser também que ele esteja amargando um fora de alguém por quem se apaixonou em segredo e que não lhe deu a menor bola. Ele está com a autoestima baixa. Cara bacana, encontro perfeito, mas na hora errada. E ele vai e some.

E vai sumir porque sabe que está fazendo mal a você e não tem a menor vontade de magoá-la. É um pouco covarde, claro. Mas está deixando as coisas mal-explicadas para que, curado, possa ainda ter a possibilidade de retomar sem antes ter feito ou dito coisas irreparáveis.

8 – Ele te curte. Mas não desse jeito

Ele te acha bonita, gostosa e divertida. Mas nem tanto. Ele pode ter saído com você por um tempo e a coisa pode andar sem solavancos. Daí ele some. Na hora em que as conversas mais sérias deveriam aparecer ou aparecem, o cara começa a ficar cheio de trabalho, com muitos problemas pessoais e um monte de outras coisas ou desculpas.

Quando um cara realmente quer uma mulher, ele pode trabalhar 23 horas por dia que arranja um jeito de vê-la na 24ª. Ele jamais recusará uma trepada por estar com dor de cabeça ou gripado. Quando um cara quer uma mulher, ele simplesmente está a fim.

Mas se ele não está ligado nesse nível, pode curtir a companhia dela enquanto não aparece outra por quem se sinta realmente fisgado. Se for um cara inteligente, ele dirá isso logo de cara, pois o combinado não sai caro. O comum é o cara ficar com alguém para não ficar sozinho. Vai dizer que mulheres também não fazem isso?

A mágica não aconteceu? Não se ouviu nenhum clique? Nenhum tremor de terras na hora do orgasmo nem os sinos tocaram na hora do beijo? Divirta-se. Até que ele suma. Vai te poupar o trabalho do pé na bunda. Afinal, coisas que não tem lastro emocional não merecem nenhuma dramaticidade. Nem todos os filmes que a gente vê são incríveis, mas gostamos de ir ao cinema, não é mesmo?

Por mais divertido e tranquilo que seja, não invente histórias. Um barco furado não afunda ainda em terra. É bom e divertido porque não importa muito, não vai ao fundo. A educação sentimental tem muitas lições, porém, treino é treino e jogo é jogo. Aprenda alguma coisa para usar com a pessoa que ainda não pintou. Quando o passatempo sumir, entenda que você está se preparando para algo melhor. E esqueça.

9 – Ele é mágico

A varinha dele não para de funcionar! Aposto como está com o corpo em forma. O que é que as mulheres mais observam hoje em dia? É o abdômen definido? Pois o dele deve ser exuberante. Quando mudar a preferência, quando a bunda grande for o item mais desejado, ele vai aparecer com uma bunda exemplar. Esse camarada sabe quais são as roupas que as mulheres mais apreciam — pelo menos para o tipo de mulheres que estão no seu radar. Sabe o restaurante e bar predileto delas, e até em quais os horários elas costumam frequentar. Sabe a academia, a praia, o clube, o seja-lá-o-que-for onde se acha "gente bonita", grupo do qual faz parte e com o qual interage obsessivamente. O mágico é um cara essencialmente obsessivo.

Ele quer comer todas as mulheres desejáveis do mundo. E não me refiro às que ele deseja, pois deseja o que os outros desejam. Sobretudo, ele deseja ser desejado. E como é mágico, faz aparecer uma mulher diferente em sua cama por dia. *Plim!* Às vezes, mais de uma! *Plim, plim!* Ele tem uma agenda de exercícios extensa para garantir o visual de objeto sexual, além de gastar um bom tempo entretendo futuras, atuais e comidas passadas. Já que ele sabe magistralmente requentar as "sobras". *Sim salabim!*

Perceba como ele é simpático, gentil, tem voz suave, é muito bem-humorado e repare em todos os seus gestos, no seu carro, no relógio. Parece estar escrito "homem ideal" em tudo. Se você olhar bem de pertinho verá que é ilusão de ótica. O que está escrito é "coma-me, por favor".

Se você não estiver com o tempo apertado, ou não tiver mesmo nada o que fazer, coma. Ele vai sumir logo depois de gozar. *Swash!* É impressionante. E vai voltar quando pintar uma brecha na agenda dele, assim, do nada. *Zumpf!* Lá está o pavão outra vez, com sua varinha apontada para você. *Schwiiing!*

Esse sujeito não será apresentado por uma amiga. Talvez só por uma que ele tenha seduzido, mas deixado em banho-maria até que ela apresentasse todas as suas amigas para que, então, ele começasse a enfileirá-las. Mágicos fazem as filas andarem com muita rapidez! *Abracadabra!*

O seu Houdini vai aparecer e sumir num passe de mágica. A varinha dele está sempre pronta para um feitiço novo — ou um repeteco. Ele pode ligar a qualquer momento, ou mesmo manter uma rotina de mensagens de texto, por redes sociais, para manter o encanto. Porém, aparecer, só quando não tiver nenhuma outra distração. As explicações são sua especialidade. Diversionismo é o grande talento! A única mágica que ele não sabe fazer é a da sua felicidade. Isso é assunto seu. *Cabrum!*

10 – Ele acha que não faz falta

Pode ser que você já esteja calejada por experiências passadas e queira ser durona. Não dá mole, não sorri muito, não facilita nada e deixa claro que o seu cacife é alto. Usando a expressão comum nos papos masculinos, você se acha a rainha da cocada preta e se valoriza demais. Algo em você o faz lembrar do pai dele, para quem nunca foi bom o suficiente, nunca fez a melhor escolha, nunca atendeu às expectativas. Pais costumam fazer isso com os filhos para, sei lá, tentar manter um halo de admiração ou superioridade. Quando uma mulher repete essa estratégia, o cara pode até ficar interessado, se for daqueles com espírito de vendedor que adora dobrar uma cliente resistente.

Mas se ele é dos que gosta de ir aonde é bem-vindo, a sua casa não parece ser o destino mais certo. Tem sempre outra com mais vontade de agradar, um pouco mais carente e menos implicante do que você. Fazer o quê? Seus padrões são elevados, seu nível de exigência é alto e você não esta aí para atender às expectativas de ninguém! Vida que segue. Você vai ficar sozinha a maior parte de sua vida. Mas vai achar que foi melhor assim, não é mesmo? Sem problemas.

Ele vai sumir por achar que você não vai nem notar. Ele não quer te aborrecer. Mais.

11 – O motivo mais simples

Você não o faz feliz.

Sério mesmo que você gostaria que ele entrasse em detalhes?

Capítulo 22
O amor "cavalo de pau": esse pessoal que quer, mas não quer

Será que você já viveu um amor "cavalo de pau"? Acho que é possível "sentir" o que sugere a expressão — que uns amigos cunharam em meio a um papo divertido — sem que se tenha uma tradução literal. É preciso, porém, que se saiba o que é um "cavalo de pau"; de preferência ter dado um, propositalmente, ou estado no carro em que ele foi dado.

A conversa era sobre a ausência atual de grandes amores, de paixões viscerais e transformadoras, de loucuras de amor que não sejam as das páginas criminais dos jornais. É fato: nas narrativas que ouço, a conversa é sempre sobre o relacionamento e nunca sobre o amor propriamente dito. A paixão, que nem sempre é tão longa quanto gostaríamos que fosse e nem mesmo tem a garantia de um final feliz, parece fugir das conversas atuais. A paixão intensa e delirante virou raridade.

Hoje se mata muito em nome do amor. Difícil é alguém se matar por amor. Longe desses dois extremos, há o amor que lhe vira do avesso, que estabelece outro nível de entrega e doação, que propõe formas e intensidades de prazer jamais imaginadas ou sentidas. Há um amor assim por aí em busca de personagens. Talvez você não queira abrir mão de tudo o que conhece sobre si e suas manias, mas pense como se fosse uma viagem de férias a um lugar muito especial e deixe-se levar. Ao menos uma vez na vida. Tirar o pé do chão pode dar sentido a todos os outros dias comuns, seguros e tranquilos. Amores inconsequentes mudam o mundo.

O que vejo por aí é gente escolhendo, entre as possibilidades apresentadas, aquela que lhe parece menos comprometedora. No sentido amplo, a que pode ferir menos se acabar. Até porque a maioria, lá no fundo, sabe que não vai ser para sempre. O cinismo anda solto e angariando seguidores, enquanto a paixão parece estar mesmo se escondendo nas dobras do tempo.

Índice de empregabilidade

Existe uma bolsa de valores sentimentais. O tal capital sexual. O currículo a ser enviado via redes sociais. É como se a própria história afetiva tomasse feições de carreira profissional. O "índice de empregabilidade" é um fator importante. Investe-se muito em cirurgias, roupas, tratamentos, academias, em tudo aquilo que pode ser confundido com amor-próprio e que, na verdade, está em outro departamento, o da vaidade, que é submetido a outro ramo da empresa que não a gestão de felicidade, e sim aos recursos humanos da opinião pública. Sei, estou complicando.

Algumas pessoas gastam muito do seu tempo e do tempo alheio averiguando se estão com a bola cheia ou não. Seduzem para saber se surte efeito — e só. Tudo parece com uma aproximação real de quem está mesmo a fim de ir além, só que não vai. É o típico arame liso: cerca, mas não espeta. É o cara que chama para sair, elogia, diz o que você quer ouvir, deixa tudo pronto para que na próxima saída vocês provavelmente tomem o café da manhã juntos e, *puf*, Dá um sumiço. Você desencana, mas logo ele te encontra em uma festa ou balada e, *voilá*, o encanto está de novo ali. E não desencanta!

Algumas mulheres fazem isso: usam o pau dos outros como termômetro para avaliar se são mesmo quentes. Querem saber se são capazes de fisgar, mas não pretendem nem nunca pretenderam comer o peixe fisgado. Pois é, existem milhares de homens fazendo o mesmo. Querem só avaliar se você está entre suas possibilidades. Uma vez que ele fez a inscrição e você aceitou tê-lo em seus domínios, ele vai olhar as outras possibilidades. Nome riscado na lista.

Só que o coração está longe das decisões e das avaliações. As receitas de quem seria mais bem-avaliado aos olhos dos outros acabam por ser mais relevantes do que os próprios sentimentos. O que está em jogo é a construção de uma reputação. É pensar na foto e achar que a figura ao lado enfeitou a sua e não no encanto único da outra pessoa.

Torço para que o amor apareça veemente e devastador na vida com mais frequência. Torço também para que as pessoas percebam sua presença independente do que dizem os manuais ou a opinião alheia. Compreendo que é preciso avaliar aspectos práticos de um relacionamento e discutir o contrato. Eliminar a possibilidade da surpresa, do imprevisto, é, porém, eliminar a mágica de seus horizontes. O amor e o sexo devem e precisam ser maiores que os recursos humanos corporativos. Não para preencher a vaga, mas para preencher a vida. O sentido da vida.

Capítulo 23

Gente ruim não deveria acasalar ou se reproduzir

Demorei muito para formar uma família. O assunto era importante demais para que eu fosse ousado e experimentalista. Ser pai é, provavelmente, o tema mais importante e delicado da minha vida. Talvez, por isso, eu tenha demorado tanto para me casar e ter um filho. Demorei a achar alguém com quem a coisa funcionasse. Ou eu desandava ou a relação em si não vingava. Não lamento. As coisas são mais fáceis para uns do que para outros. As coisas são mais fáceis na televisão.

O fato é que livros de psicologia, de terapia, de estudos sobre relacionamentos, de astrologia, em especial os que cuidam de sinastrias ou das compatibilidades entre diversos padrões de personalidade, tudo isso sempre me interessou. Amigos casados eram o meu círculo social mesmo na longa fase da solteirice. Sair com crianças, filhos de amigos, para programas infantis era parte da rotina. Sempre levei jeito. Hoje, maduro, penso: "Como é que meus amigos deixavam eu encher um carro de crianças e passar uma tarde na farra, circo, zoológico etc.?" A resposta é simples: sempre deu certo. O fato é que eu precisava arrumar a casa e cada uma dessas etapas — estudos, experiências, casos, namoros — foi uma preparação para o que veio a seguir. Agradeço a todos e todas que fizeram parte desse processo. Agradeço, inclusive, a quem não me deu amor.

Quando achei que era a hora, e tinha encontrado a pessoa certa, não hesitei em propor casamento e, uma vez casado, em querer o tão sonhado filho. Não foi simples. Achei que devia fazer uma terapia para me preparar para esse grande evento. E fiz. O que quero dizer com esse longo e entediante preâmbulo é que, até para quem leva a sério e quer muito, as chances podem não ser claras ou frequentes. Seja lá qual for o seu projeto!

Eu queria ter uma família para chamar de minha e já ia me resignando com a impossibilidade. Diria que só consegui muito tempo depois do que eu julgava ser o momento ideal. Se bem que isso é outra coisa que não existe. Tempo ideal no mundo subjetivo? Como medir?

O amor às vezes passa perto de você, mas não lhe acena. A felicidade bate fraquinho à sua porta e você, pensando em outras coisas, nem ouve. Isso acontece. Esse papo de alma gêmea não é uma coisa muito matemática. O que existe é sorte, empenho, habilidade, vontade, paciência e resiliência — esta última é a qualidade que julgo ter me permitido encontrar a solução. Ou seja, por mais que eu tenha tomado na cabeça, errado, tido exemplos indesejáveis, acabei, de alguma forma, preservado para poder ser quem eu queria ser. Ainda que tarde.

Primeiro erro de julgamento é supor que pessoas com infâncias difíceis, famílias disfuncionais ou grandes traumas são inviáveis, e que gente que vem de uma família bacana, estável, culta, saudável seja mais fácil de lidar. Eu já vi de tudo. Talvez a pessoa que tenha resistido a experiências traumáticas seja, de fato, mais complicada, porém, pode ter mais força de vontade e motivação que outra de passado tranquilo. Se você não está disposto a desatar nós, não vai sair dos primeiros encontros, dos papos iniciais, pois há inibições afetivas, sexuais, excessos, compulsões e toda a sorte de dificuldades mesmo para aqueles que estão muito bem-intencionados e cheios de amor no coração.

Contudo, há outro tipo de gente. E podem até estar entre os melhores amantes, mas são impotentes de afeto, alheios a qualquer tipo de compaixão e incapazes de sentir ou fazer pelo outro mais do que por si mesmos. Alguns chamam de psicopatas. Como não sou psiquiatra, não sei avaliar e diagnosticar. Chamo de roubadas — e não são do tipo que a gente ri depois. Essas são as que a gente lamenta para o resto da vida ou que acabam em uma delegacia.

Férias na Disney

Quando eu era solteiro e ouvia uma moça falar de seus sonhos e esperanças, fosse ela do meu interesse ou não, observava uma frase em especial: "Sou louca para ter um filho." Eu ficava em silêncio, com os pelos da nuca já se eriçando. Em geral, essa frase era seguida de uma descrição de como ela achava interessante a jornada da gravidez, de como sonhava em fazer a foto nua e sensual com o barrigão, da decoração que imaginava para o quartinho, dos nomes que achava lindos etc. A história acabava logo depois da maravilhosa experiência de produzir um ser e viver o turbilhão da maternidade. Nenhuma palavra sobre o que aconteceria depois. Eu avaliava: essa criatura acha que ter um filho é o mesmo que passar uma semana (ou nove meses) na Disney.

Pensava em indagar sobre como seria a educação, como ela iria lidar com as crises infantis, com as próprias expectativas em detrimento da personalidade do novo ser etc. A minha frase não era "quero ter um filho", era "quero ter uma família e criar meus filhos". Meu sonho era mais complexo e eterno. Era a vontade de deixar meu exemplo, meu sangue, meu amor e meus ensinamentos todos repassados para filhos e netos. Mesmo com o risco de ver minhas impotências e defeitos, genéticos ou de personalidade, reproduzidos na prole.

Tudo que envolvia a dificuldade de lidar com uma nova vida e o milagre do amor incondicional e suas possibilidades me encantava. Ter um filho era a simplificação, o arranhão na superfície, irresponsável e platônico, de um tema que me parecia maravilhoso e assustador como a própria vida é. Algo que eu queria ter e oferecer a quem amasse.

Acredito que pessoas maravilhosas podem não ter a menor vontade de casar ou ter filhos. Não há nada de errado nisso. Passar a vida namorando e morando em casas separadas, ou tendo romances fortuitos e misteriosos enquanto a vida segue com outras prioridades, me parece absolutamente saudável e deleitável. Achei, por um bom tempo, que essa seria a minha sina e me aborrecia o fato de que houvesse quem torcesse o nariz. Cada um é feliz de um jeito. Isso é o que importa, que fique bem claro.

Há sintomas, porém, que saltam aos olhos quando a pessoa diz que quer ter filhos ou se casar, mas evidentemente não está se preparando para isso. São os que fingem querer o mesmo que todo mundo.

Uma amiga se casou com um cara que parecia o sonho de todas as sogras e logo descobriu que ele não conseguia passar mais do que uma semana sem ter uma explosão emocional. Era um cara bem-apanhado, sensato, trabalhador, culto, educado etc. Porém, era também um homem-bomba. Tudo andava bem com ele até que suas emoções e certezas fossem colocadas à prova. Então, o dr. Jekyll virava o sr. Hyde — e o mais grave era ninguém ver ou mesmo crer se ela contasse.

Esse homem vivia um inferno íntimo e particular. Ela tinha compaixão e queria que seu amor abrandasse as explosões. Outro fato é que a vida dela também virou um inferno. Não se pode evitar que uma pessoa faça mal a si mesma. É algo triste e doloroso. Nem por isso o marido achava que devia fazer terapia. Como não faltava amor, de ambas as partes, seguiram se machucando enquanto deu. Até que não deu mais.

Há também aqueles que descobrem que são apenas parte da mobília, do cenário. Como se o outro o visse como um eletrodoméstico, parte das "necessidades" do projeto pessoal. Nesse caso, ele é colocado, sem perceber, como figurante de um sonho alheio. É o cara que tem um plano de carreira e procura uma mulher que possa lhe ajudar a subir mais. Pode ser uma coisa legítima de se esperar de uma parceira, porém, aqui não há um elemento fundamental: generosidade. O outro lhe serve e, quando pintar outra oportunidade melhor, adeus!

Há também aquele vaidoso que quer desfilar uma mulher encantadora, bem-vestida e educada enquanto não aparece uma dez anos mais nova, que chama mais a atenção ou causa mais inveja nos concorrentes.

Você acha importante observar se a pessoa que você está conhecendo trata bem os garçons nos restaurantes e bares? Como lida com as pessoas mais simples? Como dirige? Quando há um engarrafamento, vai pelo acostamento? Aproveita a passagem de uma ambulância para ganhar alguns metros fingindo ser um familiar que segue o enfermo? Bloqueia cruzamentos? Leva o lixo até a lixeira quando deixa a sala de cinema, a praia, o estádio? Joga a ponta de cigarro em qualquer lugar? Fuma sem perguntar se pode ou em lugares em que é proibido? Como lida com as regras sociais? Como trata um amigo que a espera há 15 minutos? Dizendo para ele que está parando o carro quando está longe do local? Supõe que você é cúmplice nessas coisas todas? E você, o que diz? Como se sente? Os recados estão sendo dados...

Amor é imprevisível, inexplicável e surpreendente, mas, para que ele possa fazer seu serviço e unir vidas, é fundamental que exista educação, respeito, cumplicidade, honestidade, capacidade de ouvir e de revelar segredos e sentimentos, compaixão, gentileza e generosidade. Essas coisinhas que os mais antigos acham tão encantadoras. Eles sabem que o desejo acende e que a ternura acalma. É a luxúria que torna a chama em desejo vertiginoso, porém, é a compaixão que permite que você coloque, sem hesitar, o bem-estar do seu amor no centro de suas prioridades se preciso for.

Eu não acredito em vampiros, mas que eles existem, existem.

Capítulo 24
A regra da carteira assinada

Não é fácil a vida de quem está procurando uma companhia, um caso, um casamento, um encontro espiritual, ou mesmo sexual, intenso e satisfatório. É um pouco mais complicado para as mulheres, atualmente, como a gente já pôde observar. Mas a volta à pista, a retomada da solteirice, depois de alguns ou muitos anos em um casamento, pode meter ainda mais medo. Muita gente não se separa por causa disso, ou, ao menos, espera um pouco, arrastando uma relação complicada e insatisfatória, enquanto faz uma pesquisa de mercado para ver como seria a reposição.

Quem está infeliz casado pode pensar em ficar só por um tempo, o que seria muito saudável. Ou ter um galho na mão antes de se soltar de outro, condenado, onde ainda se pendura. Tem de tudo. O do primeiro caso, o que quer ficar só, acaba se separando logo. O outro vai vivendo seus casinhos, sondando possibilidades, até que resolve se separar. Quem sabe o incentivo e a injeção de autoestima de uma nova paixão sirvam de impulso?

Quantos homens não largaram a família acossados pelo desejo despertado por uma mulher mais jovem e cheia de caprichos? É um clichê. A mulher certinha que foi fisgada pelo "amor de pica" e largou tudo para ficar com o malandro também é clichê. Mas o que se vê, na maior parte das vezes, é gente que vive uma inóspita solidão a dois com medo de ficar completamente só.

Múltipla escolha

Voltar para a lista dos disponíveis é duro. Quando se é solteiro as opções são múltiplas escolhas que a vida nos oferece. Ainda não sabemos ao certo o que, ou quem, será suficientemente bom para nosso futuro. Então, vamos experimentando e apurando o gosto, ganhando experiência e repertório. Mas, depois de nos sentirmos apostando no cavalo errado, com todos os reveses de um projeto que não funcionou, com mágoas, decepções e, às vezes, chumbo trocado, a coisa pode ser ainda pior. Diria um amigo: sair agindo sem pensar pode ser pior do que tentar, com tato, desatar, um a um, todos os nós.

Se o seu relacionamento não vai bem, e é uma relação na qual você investiu muito, faça tudo o que tiver que fazer para ele funcionar. Se der tudo o que tem para dar e não adiantar, você sairá de cabeça erguida. Ferrado, mas ciente de que será melhor assim. E pode querer se consolar em outros braços, claro. Só não sei se deve.

Não há regras definitivas para o jogo amoroso, porém, é comum que a gente continue na mesma discussão mesmo quando o interlocutor já é outro. É possível que você esteja cheio de mágoa e essa nova pessoa vai conhecer seu pior ângulo. Esse será para ela o seu normal, o seu estado natural. E para "você" de verdade, que só vai aparecer depois do bode ter ido pastar em outro capinzal, pode nem haver uma chance.

A gente pode descontar nos outros as coisas que ficaram por dizer em uma história passada. Tínhamos pouca liberdade? Agora, queremos esfregar na cara de outra pessoa que somos praticamente libertinos. Tudo bem, estou exagerando, mas é por aí. Melhor esperar se recompor antes de tirar a roupa diante de um estranho — e estou falando tanto de mostrar as feridas quanto de se abrir para o prazer. Melhor estar inteiro, restabelecido.

Regra de três

De qualquer forma há uma regra que serve tanto para os solteiros que estão diante de uma possibilidade real quanto para quem está voltando aos jogos de sedução: discrição.

Um dos motivos é interno: temos que nos esforçar para não cometer os mesmos erros e não deixar uma relação nova ser contaminada por nossos antigos demônios particulares. O outro é fazer com que a colisão dos mundos se dê de forma pacífica. Isso costuma ser complicado. Afinal, para que expor o que ainda não merece ou não precisa ser exposto?

Lembra-se daquela regra antiga de um período de experiência de três meses antes de se assinar a carteira de trabalho? Pois é. Esses três meses simbólicos são o tempo de se observar, antes de assumir compromissos mais sérios, se a coisa funciona. Nesse espaço de tempo, que é absolutamente subjetivo, claro, o ideal seria que o encontro fosse apenas entre as duas pessoas. Sem necessariamente falar do passado ou fazer projeções para o futuro. Viver o instante. Olhar para o outro do jeito que ele aparece e sem avaliar outras coisas que são circunstanciais.

O fato de um pretendente ter cinco filhos ou morar a cinco mil quilômetros pode ser um balde de água fria se você não tiver certeza de que ele é a melhor companhia que já teve. Se for, qualquer um desses "obstáculos" vira uma questão prática com a qual lidar. Acredito que achar alguém com quem a gente se sente muito bem seja mais difícil do que solucionar problemas de ordem prática. Até porque amor não é, necessariamente, casamento. Amor é uma coisa incondicional, não é mesmo? Vamos pensar nisso!

O foco em convencer o outro de que você é uma boa opção é, em parte, deixar de observar se ele também é. Melhor não torcer para um determinado resultado. Querer que dê certo é diferente: é se entregar enquanto se está junto, de corpo e alma, e estar inteiro ali, naquele momento.

Imagine que esse novo romance está sendo vivido no exterior, onde ninguém lhe conhece. Ninguém sabe de suas limitações e erros do passado. Você está com a ficha limpinha para começar a ser quem realmente quer. Quando a gente começa um novo relacionamento não está necessariamente querendo trocar de parceiro, pode é estar querendo ser um parceiro diferente. Ser outra pessoa vivendo outra história. Abandonar velhos vícios e fantasmas em nome de novas possibilidades. Viver sem gente que fique nos lembrando de quem éramos, como que cobrando coerência e impedindo que o patinho feio vire cisne. Amores podem ser deflagradores de mudanças radicais no que somos ou queremos da vida. Temos que nos abrir para essa possibilidade!

Começar uma história com encontros episódicos, a dois, sem cobranças ou projetos, sem testes de admissão ou negociações de contratos, é fundamental para conhecer o outro em essência. No comecinho, acho melhor nem dormir junto. Melhor ir embora. Aproveitar só os melhores momentos, e não a versão *"uncut"*. Depois de algum tempo, dá para dormir na mesma cama, mas aí seria melhor só em um final de semana. Nem na casa de um nem na casa do outro: uma pousada em uma cidade em que não há quase nada para se fazer, mas tem uma lareira ou uma praia quase deserta. O que se busca é estar perto do outro antes de entrar no mundo do outro, certo?

A forma como as amizades se dão é um exemplo a ser seguido. Amizades, ao contrário de casamentos, não são marcadas por promessas e juramentos nem precisam de papéis a serem assinados. E, no entanto, olha só: costumam durar mais. Ou pelo menos sobrevivem com menos arranhões às idas e vindas de nossas fases.

O começo é a parte em que a mágica da paixão pode acontecer. Que aconteça. É o momento em que podemos experimentar novos sentimentos, tentar novos caminhos, conhecer novas emoções. Para que perder esse momento precioso tentando ver se os amigos de um gostam dos amigos do outro, se a rotina profissional de um é compatível com a do outro, ou se as férias caem no mesmo mês etc. No futuro, depois que a carteira for assinada, essas coisas terão, necessariamente, seu momento. Algumas coisas serão difíceis para sempre e quando a gente escolhe alguém tem que saber exatamente quais são os pontos sensíveis e estar em paz com isso.

Por outro lado, se os sinos não tocarem mesmo tudo estando tranquilo como uma noite na fazenda, paciência! Ninguém sabe, ninguém viu, ninguém vai ficar com mágoas para guardar. Não há uma mancha no seu currículo, só aquele encontro misterioso que ninguém sabe se aconteceu ou (por que) deixou de acontecer. Como a carteira não está assinada, não há multas ou recompensas: é só apontar a desistência da vaga. Há que ser compreendido. Se não, é porque a sua felicidade e a do outro não estão sendo consideradas com pesos iguais. Um ser feliz a despeito do prazer e da satisfação alheios é um sintoma de que é melhor mesmo dar por encerrada a experiência.

Não expor o mundo ao seu novo romance é não expor o novo romance ao seu mundo. Quem tem que estar lá é você. Se resolver sair, que saia inteiro como entrou. O que foi vivido é assunto dos dois. Os motivos pelos quais a distância se fez, idem. Sair falando da vida alheia para todo mundo, sem carinho, é falar da própria vida com igual desprezo. Não recomendo. Melhor nem dizer nada a ninguém.

Parte quatro
O casamento é o túmulo do sexo?

Capítulo 25
O que a gente não faz por amor

Impressionante mesmo é o que o amor faz com a gente. De repente nos vimos saindo da cama às duas horas da manhã para passar na farmácia e levar conforto para alguém que está se sentindo mal e não consegue dormir. Pode ser uma gripe, algo bobo, mas ainda assim nos mobiliza e enche o peito de compaixão. Além de ser uma oportunidade de ir lá, confirmar nosso afeto e curtir a companhia. É boa a sensação de que, findo um encontro, deixamos o ser amado em melhor estado de ânimo. Gestos inusitados de amor e declarações inscritas em atos são sempre marcantes para o outro, por evidenciar o que sentimos, e para nós, por percebermos nossa capacidade de colocar o bem-estar da pessoa amada em nossas prioridades.

Uma vez, fiz um gesto desses. Saí do Rio de Janeiro no voo da manhã em direção a Goiânia para visitar a minha avó, que fazia aniversário no Dia dos Namorados, passei duas horas na cidade e voltei. Tinha compromissos e, no entanto, achei que valia o esforço e a visita. Cheguei com uma rosa na mão e ela passou o pouco tempo em que lá estive ligando eufórica para as amigas para contar o que estava acontecendo. A rosa tinha um significado especial para ela, assim como ela tinha um significado especial para mim. Quando criança, morava na casa da minha avó e tinha nela a figura materna. No jardim havia uma plantação de roseiras que ela cuidava com carinho, às vezes com minha ajuda, e as usava para decorar casamentos em igrejas, uma de suas atividades.

Foi a última vez que a vi. Nosso último encontro. Minha última lembrança era de seu sorriso ao receber uma rosa de um dos netos, que morava em outra cidade, longe, e que tinha ido lá só por causa dela. Minha avó se sentiu especial, eu também, e foi assim nossa despedida. Ela, que já não andava havia alguns anos, acabou morrendo poucos meses depois. Doeu horrores.

Embora não convivêssemos diariamente, sua presença no mundo significava muito. Era uma referência, um amor incondicional que partia. Ficou a lembrança de ter feito alguma coisa por ela, por amor, para lembrar.

Vejo muitas mulheres adaptando suas vidas às necessidades dos que estão à sua volta. Mudam de cidade por causa do trabalho do marido, mudam os horários de trabalho por causa das atividades dos filhos, acordam mais cedo, dormem mais tarde e se esforçam ao máximo para terem um maior convívio com a família, para estarem presentes. Homens parecem ter menos disposição. Dificilmente diriam, no trabalho, que não podem ir a um compromisso importante porque têm reunião de pais e mestres na escola dos filhos. Mulheres o fazem com menos pudor. Talvez isso custe a elas uma promoção adiada, mas sabem quais são suas prioridades e os amores costumam ser declaradamente os primeiros itens da lista.

Claro, há mulheres comprometidas com o trabalho e que compreendem que não podem ser infalíveis em todas as atividades. Tomara que possam contar com homens mais participativos. Vejo muitos homens cavando oportunidades para serem mais presentes na vida da família, dos filhos. O movimento existe. A vontade de compartilhar deveres, tarefas e prazeres (porque ficar com filhos está mais nas últimas categorias do que nas primeiras) é comum aos que amam. Mas fica sempre a impressão de que mulheres são mais disponíveis ou dedicadas, sei lá. Ou que o amor é quem governa suas vidas enquanto homens são mais racionais e pragmáticos. Será?

Sejamos francos: se um homem não está disposto a fazer grandes esforços por causa de uma mulher, é porque ele não a ama. Ou não a ama o suficiente. Pergunto às amigas o que elas não fariam por um amor. Elas topariam parar de fumar, ou só fumar quando o cara a quem querem agradar estivesse longe. Topariam começar uma vida de atleta, acordando na madrugada para pedalar sessenta quilômetros antes de ir ao trabalho e fazer longos percursos no final de semana só para estar ao lado do seu amor — e para ficar com um corpaço, claro. Elas topariam praticamente tudo se estivessem loucas por alguém.

Mas os homens com quem conversei também fariam o mesmo.

Um amigo aponta um limite: a convivência exagerada com a família dela e todos os parentes, incluindo viagem para locais distantes para participar de festas que não lhes parecem importantes. Homens não costumam ter tanto interesse assim em acompanhar a mulher nesse tipo de evento. Então, logo vem a ressalva: se estiver apaixonado, vá. Só para poder dormir junto depois ou curtir o papo durante a longa viagem. Fica claro que o homem que quer conquistar o amor de sua vida está disposto a tudo. Ou quase tudo.

Homens não são hábeis em lidar com doenças, por exemplo. Nem quando a doença é deles e menos ainda quando é da mulher. Não me refiro ao resfriado ou mal-estar passageiro. Refiro-me a longas enfermidades, quiçá definitivas. Há mais mulheres dispostas a cuidar do filho que nasceu com paralisia cerebral do que homens. Há mais mulheres acompanhando os longos tratamentos de doenças sérias, de longas internações ou que impossibilitem uma rotina normal. Homens tendem a ser melhores para tomar atitudes na hora da emergência, mas depois sentem o baque dos longos períodos de convalescença e podem se deprimir. Percebo, porém, que mulheres gostam de cuidar.

Um homem resfriado costuma fazer um drama mexicano e quer a mulher ali ao lado, vendo um filme na TV, enquanto ele reclama que não tem forças para nada. Sentir-se sem forças é se sentir impotente. Mulheres podem passar uma vida inteira sem ter força física nenhuma, mas serem rochas onde muitos se apoiam. A força deles precisa ser palpável, de ação; a delas pode ser de resistência.

Uma vez, indaguei a uma amiga que teve câncer se ela se ressentia por ter desfeito seu casamento depois do diagnóstico da doença fatal. Ela me disse que perdeu o interesse no marido e nos projetos dos dois quando adoeceu. Enfim, não se sentia abandonada, mas abandonando, em função do que lhe parecia prioritário. Ter o marido por perto, sabendo da infelicidade dele, era um peso grande demais para quem tinha uma doença terminal. Ela se manteve perto dos filhos, queria aproveitar até o último minuto e morreu dias depois do Bar Mitzvah do mais novo. Era uma meta a atingir, mas o casamento, para ela, perdeu totalmente o significado. As forças que tinha poupou para o que achava fundamental. Sentia-se culpada por tê-lo afastado, mas sabia que ele iria se recuperar. Ela não.

Ela o abandonou por amor. Por achar que, com raiva dela, ele se curaria mais rápido, e porque não tinha energia para pensar na falta de futuro daquela parceria. Morreu antes dos quarenta anos. A separação se deu depois que ela teve o segundo diagnóstico e sacou que não iria se safar. No primeiro tratamento, eles estiveram juntos e sofreram juntos. Não havia mais nada a provar. Em todos os sentidos.

Homens podem, sim, encarar esse tipo de limitação. É, porém, mais fácil você ver um homem tetraplégico casar ou namorar do que uma mulher nas mesmas condições. Fica a dúvida: será que os homens não são capazes de amar pessoas que têm essas limitações?

Pequenas imperfeições

Todos nós temos inibições, limites, imperfeições com as quais podemos nos apaziguar, como sendo parte de nossa existência, ou simplesmente podemos corrigir, tratar, mudar, consertar — especialmente se existe alguém que nos acompanhe e incentive.

Em princípio, eu não consideraria nenhuma limitação como definitiva. Nenhuma mulher está impedida de passar a ter orgasmos de uma hora para outra. Já vi isso acontecer e não foi complicado! Se o que você faz na cama não lhe leva a um orgasmo, tente outras coisas! Com alguém que lhe desafie, que lhe inspire confiança e cumplicidade, que, sobretudo, lhe aceite como é e saiba curtir o que você tem para oferecer.

Idem para o homem cheio de inibições e ansiedades. Há cursos, livros, terapia. Ninguém sabe tudo, ninguém é perfeito, ninguém é, nem mesmo, bom de cama. O sexo pode ser como uma faculdade que se faz para que se consiga um lugar importante na vida. Pode tomar tempo e custar muito suor para que aprendamos tudo que é necessário para viver toda a potência de nosso amor.

Capítulo 26
Quando um quer dormir e o outro quer dançar

Em primeiro lugar é preciso dizer que homens em geral só saem para dançar quando querem acasalar. É a primitiva dança da salamandra doida aplicada aos dias atuais. Casou, para de dançar. Sinto muito, mas é assim. A não ser que tenha uma festinha na casa de amigos, seja carnaval ou festa junina. É possível que em um casamento ele arrisque uns passos depois de cinco copos de uísque. Tirando essas situações atípicas, sair para dançar não é um programa que eles curtam.

Já mulheres casadas continuam "a-man-do" dançar. Diz uma amiga minha que se a mulher dança levantando a mão é porque quer dar. Fica a dica para os homens. Leve sua mulher para dançar se ela quiser. Elas se excitam de alguma maneira quando rebolam e ficam muito mais animadas e divertidas. Levantou o bracinho, recolheu aos costumes e boa noite para os dois. Mas o problema aqui não é exatamente dançar ou não dançar. É o descompasso na dança da vida.

Um resolve que quer malhar antes de ir para o trabalho e começa a sair de casa quando o sol nasce. O outro reclama que não tem companhia para mais nada de noite. Ele tem uma pelada que é jogada às segundas e quartas-feiras e ela arranja um curso para fazer às terças e quintas-feiras. Ele não pode mudar a pelada e as aulas são só nesses dias. Fazer o quê?

A vida de um casal depende do ritmo de cada um se adequar ao ritmo do outro. Tem que haver sincronia ou os descompassos começam a acontecer. Os planos passam a apontar para direções diferentes e os ambientes de um começam a contrastar com os do outro e, com isso, os interesses. Vai aparecendo um imenso buraco negro nas agendas e nas conversas. Pode ser o início do fim. É preciso ficar alerta.

A primeira coisa a se fazer diante desses sintomas é resistir à tentação de achar que tudo é um bicho de sete cabeças que veio para ficar, mesmo que lhe irrite. Pode ser transitório. Ou se acha um jeito de negociar e encontrar alternativas para o convívio, ou começa ali a solidão a dois.

Homens reagem mal a esses períodos críticos. A primeira coisa é imaginar que não são prioridade. No fundo, acreditam que uma mulher deve estar sempre disposta a se adaptar, o que ela faz na maioria das vezes sem grandes dramas. Porém, se ela resiste, se ela acha que vai se anular, também não será uma boa companhia.

Este é um problema em relacionamentos longos: após alguns anos a pessoa não é mais aquela que você conheceu. Ou, ainda, ela é exatamente aquela mesma pessoa que você conheceu, enquanto você vem mudando com o tempo. Um acha que o outro mudou muito. O outro acha que seu parceiro não evoluiu. Estão os dois certos e, ainda assim, errados.

Para um, é hora de fazer um mergulho ao passado na terapia. Para o outro, o ideal seria começar um novo curso e mudar o rumo da carreira, o que vai diminuir em muito os horários de convívio. A vida é cheia desses encontros e desencontros. Se houver amor, tudo o que rolar vai ser positivo. A distância pode trazer a saudade à tona e fazer com que os encontros sejam muito mais intensos. O sucesso individual pode fazer com que uma das metades da relação esteja muito mais forte e inteira, e isso beneficiará a outra. Caminhar junto e ir na mesma direção não é fazer tudo junto o tempo todo. Somos independentes mesmo quando queremos estar juntos.

Mas a verdade é que no fundo somos todos sós, mesmo quando temos alguém que queremos sempre por perto.

Dois pra lá, dois pra cá

Ritmo também é importante na hora do sexo. Qual a velocidade e a intensidade dos movimentos? Qual é a duração? Quanto tempo até o orgasmo? Precisam mesmo acabar juntos? Esse mito do "gozar juntos" pode ser uma camisa de força. Um casal não precisa gozar junto nem a mesma quantidade de vezes. Diria mais: não é preciso ser um toma lá, dá cá. Um pode se satisfazer apenas dando prazer ao outro. E então, aí começam as encanações: "Será que ele não gozou ainda porque não está curtindo?", "Será que não estou fazendo direito?", "Tem horas que estou aqui e ela nada..." Como se reagíssemos sempre da mesma maneira e sentíssemos sempre as mesmas coisas.

Precisamos estar bem conosco para querermos estar bem com o outro. Mas o contrário também é necessário.

Olhar em perspectiva, com distanciamento, relativizando as circunstâncias é bom. Você amaria aquela pessoa igualmente se ela morasse em outra cidade? Continuaria sendo a sua pessoa predileta? Pois então aproveite se a distância não é tão concreta e estabeleça pontes. Viagens, encontros, mudanças de cenário ou situações em que o foco seja o prazer da companhia podem dar jeito. O jeitinho é fundamental nesses momentos.

Recuperar o ritmo e o passo, nessa dança, pode ser mais fácil do que parece. É preciso ter vontade e agir. Quando um homem está mesmo a fim de uma mulher, pode ter certeza de que ele vai fazer o que for preciso e lidar com as dificuldades que pintarem. Desde que tenha certeza de que é correspondido. Cer-te-za.

Agora, da mesma forma que as mulheres reclamam que os homens não querem mais sair para dançar quando se casam, há, no mundo masculino, a suposição de que elas só gostam de sexo enquanto são solteiras. Parece injusto dizer isso, mas é como se elas só fizessem sexo para se casar. Os homens casados, com absurda frequência, reclamam que suas mulheres nunca querem transar. Nunca. Eles dividem as mulheres em duas: as que não querem sexo nunca e as que reclamam que os maridos não as procuram mais.

É uma conta simples: essas mulheres não querem sexo nunca, mas querem ser procuradas. Querem que o marido as deseje mesmo quando não querem transar. Sentirem-se amadas, desejadas, é algo que há de suprir um pouco a falta de momentos felizes na intimidade roubados pela rotina desgastante. Há também, na procura do marido, a constatação de que seus atributos sedutores ainda estão fazendo efeito e, por último, a segurança de que o cara ainda está com tesão nela, portanto não deve estar com tesão em outras.

Tudo errado. Pelo menos sob o ponto de vista dos homens. Para nós, se a mulher não dá é porque não está com tesão. Se não dá nunca ou só uma a cada vinte vezes que ele procura (pede de joelhos) é porque não tem o menor tesão nele. Deve ter em outro. E se não tem tesão nele é porque não o ama. A autoestima do cara que vive tomando negativas vai para o brejo.

Ele faz o quê com isso? Olha os rabos de saia nos arredores? Procura as profissionais? Não. Em geral, procura uma saída menos complicada e resolve se masturbar. Toma um esporro estrondoso da mulher quando é flagrado. Que absurdo! Sim, a proposta desse tipo de esposa é esta: tem que ficar no atraso, não reclamar quando for rejeitado, continuar procurando e não fazer a grosseria de se masturbar olhando outras mulheres em filmes ou imaginando sei lá o quê.

Mas afinal, será que elas não querem mesmo sexo? Amigas dizem que o difícil é o começo, achar o clima. Dizem também que os homens são muito objetivos: chegam dizendo que querem transar quando deveriam arrumar mecanismos para fazer com que elas se interessassem. As mulheres querem ser seduzidas. Querem sair da rotina desgastante para o idílio amoroso, levadas por um amante cortês e criativo que as carregue nos braços para o mundo das sensações. O problema é que, no mundo particular de suas necessidades, elas não imaginam que eles tenham tido também rotinas desgastantes, que também queiram ser levados ao sétimo céu por uma Sherazade das mil e uma noites.

A dificuldade em achar tempo e energia existe para os dois. Entrar no clima é difícil. Mas os caras querem e se manifestam. E as mulheres negam e reclamam.

Um dia desses, ouvi de uma amiga, dessas que todos os homens citam como exemplo de beleza, que ela não deixa a qualidade de sua vida íntima nas mãos do marido. Sentia que a preocupação em manter o interesse do cara era dela. Que dar prazer pode ser prazeroso. Que ela tinha que se manter atenta e criativa, pois sabia que essa atitude fazia com que ele se mantivesse ligado também. Sim, casada há mais de dez anos, mesmo sendo uma beldade, ela sabia que não era o caso de largar de mão e apostar na própria beleza. E olha que ela poderia figurar em qualquer ensaio sensual. Não está fácil para ninguém!

Lembro-me ainda de outra amiga que mencionou o conselho da irmã mais velha quando ela reclamou que não aguentava mais dizer "não" ao marido. Afinal, o amava e sabia o quanto ele andava frustrado, mas calhava que ela não estava nunca no clima. A irmã lhe disse: "Se ele quer, dê para ele. Lembre-se que do meio para o fim é sempre ótimo." Esperta essa irmã. Ela antevia o desejo logo atrás da falta de vontade. Esgueirando-se, procurando uma brecha na rotina devoradora de climas.

Não. Homens não querem que você faça sexo por obrigação. Que faça o que não está com vontade. Eles querem é que você tenha vontade. Só não entendem que você esteja todo dia a fim de fazer o ritual dos cremes. Que esteja a fim de fazer pé e mão toda semana. Que esteja a fim de ir para a academia e fazer aquelas séries exaustivas de exercícios para levantar o bumbum. Ele sabe que você faz essas coisas para se tornar mais desejável. Desejável para quê mesmo?

Se você faz todo esse esforço para merecer o desejo, por que não pode fazer um esforço para despertar o desejo com algo que não seja cuidar da forma? Por que não usar a mesma dedicação para algo fundamental como a intimidade do casal? Afinal, você tem mesmo prazer fazendo depilação? Se pode se empenhar tanto nessas coisas que não são prazerosas, por que ser tão indiferente com seus desejos e os de quem você ama? Quais são suas prioridades? Parecer desejável para não ter prazer nenhum?

Acho que muitas mulheres casadas fogem do sexo porque não sabem como encaixar a fantasia no dia a dia. Porque acham, ainda que sejam independentes em todos os outros segmentos da vida, que precisam ser convidadas a dançar. Se ela deixar que a frequência e a qualidade da própria vida sexual fique sob responsabilidade do parceiro, vai ter que se resignar com o que vier. Se quiser colaborar, dividir a responsabilidade, tem que criar os climas, inventar as situações e querer dar e receber prazer.

O prazer da dupla é responsabilidade dos dois. A mulher que se omite e fica na posição de juiz e não de parceira acabará, em breve, reclamando que não é mais procurada, que a relação esfriou e que o marido perdeu o tesão. Não vai ser a academia ou o cirurgião plástico quem vai dar jeito nisso. Talvez um terapeuta.

Ou talvez o cara volte, do nada, mais animado para casa. Então, quando ele estiver mais sorridente, se cuidando melhor, ela vai perceber o interesse dele por sexo, só que não necessariamente com ela.

Depois de um tempo, essa mulher vai sentir necessidade de viver um lance quente e emocionante. Ou se separa, para recuperar seu poder de sedução, coisa pela qual ela se esmerava quando solteira, ou vai mesmo querer se sentir desejada por outro. Outro que ela não tenha esfriado ainda.

Capítulo 27
A grandeza das pequenas coisas e a pequenez que nos rouba a cor dos dias

Não pensei em fazer uma lista. Pensei em propor uma reflexão para que cada um comece a perceber a própria lista e enumere seus pequenos inimigos invisíveis e cotidianos. Refiro-me àquelas coisas que nem sempre exigem uma atitude imediata, mas que podem ir roubando nossa alegria, nosso sono, sugando pouco a pouco a nossa boa vontade e fé. São coisas quase invisíveis, ou que se diluem no noticiário, se escondem com facilidade em meio à rotina, e quase já não percebemos. É nelas que os médicos pensam quando dizem que estamos estressados. O problema é que nunca sabemos muito bem o que nos estressa. Só sentimos o resultado dessa somatória de pequenas coisas em nosso corpo e mente. Elas são como que uma erosão destruindo pouco a pouco nossa sanidade. Como deter esse processo? Como fazer para que a água não bata na pedra de nossas convicções até furar? Estou sendo claro? Talvez você precise de exemplos.

Não falo das coisas que dão ódio, das grandes mágoas, cujas chamas podem provocar mudanças e causar incêndios. Falo do tempo perdido, do pé machucado no primeiro dia da viagem sonhada, da fila enorme, da carteira que sumiu, do computador que trava antes que você tenha salvado seu trabalho, do noticiário cheio de mães que jogaram o filho no lixo, do desmatamento, da poluição, da mesa barulhenta ao lado, no restaurante, quando você estava tendo uma conversa importante, da desonestidade, da burrice, dos desvios de caráter, das traições. Essas — tantas — coisas, que podem nos atingir na intimidade, na vida profissional, no círculo de amizades, na nossa cidadania e em todos os âmbitos existenciais. São um inimigo persistente e com milhões de faces e disfarces.

O problema dessas coisas é que elas vão nos calejando, nos endurecendo, nos transformando no que não queríamos ser: alguém que lê a notícia absurda e já nem presta atenção. É como aquele cantinho da unha que se levanta e começa a machucar, que arrancamos com os dentes para fazer um machucado que sangra e infecciona e dói por dias. Não é caso de ir ao médico, de achar uma seita, comprar um livro de autoajuda ou fazer terapia: é só conviver com a pequena chateação. É só não ligar para o cara do carro de trás que insiste em buzinar meio segundo após ou antes de o sinal abrir. E sobretudo não se transformar nesse cara, ou equivalente, ao pôr a cabeça para fora da janela para gritar um palavrão.

Parece que esse mundo dos nervos esgotados nos contamina diariamente. Não ceder é um esforço permanente e contínuo. Se quisermos preservar a sensibilidade, é preciso lidar com isso. Podemos resistir. Ou vamos nos deixar corromper pela chateação, pelo aborrecimento, pela falta de saco? Temos que pensar no que vamos devolver ao mundo e àqueles que estão próximos. Mesmo sabendo que a vida é cheia de mesquinharias insuportáveis.

E nisto há de residir a grandeza: em sustentar uma revolta permanente contra todas essas pequenezas da vida.

Sem perder a ternura

O amor é aquilo que fica escondido no vão dos dias, atrás da fumaça escura do cinismo. O amor é o antídoto. A sua expressão física, o beijo, o gozo, é a cura.

Como você trata aqueles que ama? Qual seu estado emocional basal? Em casa, com amigos, com familiares, no mundo onde a formalidade fica pendurada no cabide, como é que se porta? Quer extravasar todas as tensões do dia em quem você tem afeto garantido? Já reparou que irmãos treinam a agressividade uns com os outros? Até filhotinhos de cão ou gato fazem isso! Treinar em casa o rugido que será dado no mundo é normal — e olha que esse rugido é, por vezes, dado só em casa mesmo.

Falo da construção do bem-estar, da solidez dos laços amorosos e afetivos, da graça que pode envolver os dias. Há que se trabalhar para que tais coisas deixem de ser ideias para virarem rotinas. É possível evitar que as notícias ruins ganhem atenção imediata, enquanto os prazeres são todos postergados.

O nosso olhar pode ver o mundo que quiser, mesmo sem fantasiar nada. É o olhar que vai perceber a beleza de uma flor e registrar a peculiaridade de ela ter nascido no concreto. Sentir a beleza, guardar esse saber, isso é o esforço dos segundos, dos minutos, das horas, da vida.

Vivemos em um mundo que gasta trezentas vezes mais com armamento bélico do que com educação. Neste mundo cruel, o amor é a revolução e estamos precisando de soldados.

Dito isso, parece que estou convocando todos para o mundo do idílio amoroso, da alienação vertiginosa da paixão, da epifania dos prazeres do corpo levados às últimas consequências. Não é isso. Nem tampouco faço uma elegia ao hedonismo. A gentileza e a ternura são o alvo dos meus pensamentos. Educação é uma palavra fundamental, mas pode ser gelada.

Claro que a vertigem amorosa é uma meta. Todos deveriam experimentá-la. Mas o amor com sabor de fruta mordida, esse é o amor tranquilo. O amor por nós, por nossa vida, por quem queremos bem e por perto. Expressar isso nos detalhes pode prescindir de cenas espetaculares.

Os dias são a vida. Os dias são os momentos — eles é que importam. Viver cada um deles de modo coerente com nossas prioridades e anseios é a questão. Ou estamos avançando ou nos afastando dos nossos ideais. Em cada gesto, em cada palavra dita ou deixada por dizer.

Capítulo 28

Sinceridade não é sincericídio

Eu estudava astrologia e a professora propôs um exercício a fim de que compreendêssemos como Mercúrio, o planeta que rege a comunicação, atuava em nosso cotidiano. Era simples: bastava que disséssemos a verdade o tempo todo, em qualquer situação, por determinado período de tempo. Outro detalhe: tínhamos que evitar as conversinhas "de elevador". Achei que não seria difícil, pois me julgava uma pessoa sincera. Pois é... Quando um cara me pediu dinheiro no sinal, eu ia dizer que não tinha e acabei dizendo que tinha, mas não daria. Alguém me cumprimentou: "Tudo bem?" Respondi o que ia e o que não ia bem. Na íntegra. E assim segui até a hora em que achei que já havia entendido a proposta e deveria parar antes de colocar todos os meus relacionamentos em risco. A sinceridade a qualquer prova é, antes de qualquer coisa, inconveniente.

Repare. Quando uma pessoa diz que é muito franca, na verdade é grossa. Ou sincericida. Não seria o sincericídio uma grosseria? Acho que sim! Ah, se você não está familiarizado com o termo, sincericídio é a verdade que se diz sem nenhum tato e que causa estragos permanentes na imagem de quem o comete ou em seus relacionamentos. O fato é que verdades precisam ser ditas. Há algo de generoso e corajoso nisso. A delicadeza, porém, é imprescindível. Em uma canção, Paul Simon diz: "Não vejo nenhum sentimento bom por trás de sua sinceridade." Nada como a poesia para traduzir as coisas.

E agora? Estou eu aqui a tecer elogios à mentira? A falsidade é, enfim, um recurso necessário para os bons relacionamentos? Não. Não chega a tanto. Pairando sobre tudo há o bom senso e a noção de que ninguém é proprietário da verdade ou da derradeira palavra. Opinar é importante. Colocar-se no mundo, idem. Sair atropelando os outros com "verdades", porém, é tão desagradável e infrutífero como sair inventando lorotas. Inventar mentiras é, em essência, inventar histórias, que, no fim das contas, é entreter com ilusões. Ou seja: poesia. O poeta finge tão completamente que transforma em dor "a dor que deveras sente". Perdoe se cito Fernando Pessoa erroneamente. Rimou. Mas estou sendo sincero em minhas intenções. Isso deveria bastar.

Quando você vê a mulher de um amigo, ou o marido de uma amiga, com alguém em um bar ou restaurante, ou ainda, saindo de um cinema, você pode achar que não tem nada a ver com isso ou pode ligar na mesma hora e perguntar: "Fulano, está aqui não sei onde? Não? É que eu vi sua cara-metade e achei que era você ao lado..." Pronto, se a pessoa não souber exatamente o que o seu xodó está fazendo, e principalmente com quem, vai achar que você está dando um toque e partir para a investigação. Já soube de gente "sincera" que entregou a namorada do amigo que jantava com o pai, que entregou o marido da amiga que almoçava com um cliente em um almoço de negócios e por aí vai.

Ser o elemento decisivo na crise de um casal tem um preço alto. Se a coisa é mesmo necessária, como, por exemplo, se você descobre que um dos dois está correndo risco de vida, ou que o patrimônio da família está indo pro brejo por conta da desonestidade de um dos dois, talvez valha a pena considerar. Se tem crime na parada, acho que avisar o que está sendo ou pode ser vítima talvez seja até necessário. Em casos de infidelidade, ou suspeita, melhor deixar que o acaso faça seu trabalho. O risco de perder as amizades é enorme. É preferível se conservar próximo e confiável para ajudar a quem lhe pedir ombro mais tarde.

Quem mente mais?

Homens mentem tanto quanto mulheres. Dizem que há uma coisa que os faz mentir menos: fazer menos perguntas. Eles supõem que determinadas coisas são absolutamente razoáveis, mas que uma mulher querendo drama vai achar motivo para discussão. Como se alguém precisasse de motivo para arranjar discussão. É como jogar tranca ou fazer palavras cruzadas: discutir pode ser um passatempo, aborreça o cidadão o quanto aborrecer. Por isso, os homens mentem tanto, porque sabem que estão permanentemente sob suspeita. Exatamente como a mulher de quem o companheiro paranoico parece estar sempre esperando a falha, a traição e o desvio.

Para não atrair suspeitas mente-se muito.

Todos continuam, ao encontrar alguém, sabendo que um monte de gente no mundo é interessante e desejável. Ficar falando nisso, no quanto o ator ou cantor tal é um gato e como você daria para ele se passasse na sua frente é tão desagradável como dizer "mulher é aquela bunduda de biquíni e não aquilo que eu tenho lá em casa". Sinceridade demais é cautela de menos.

A verdade exige tato, *timing* e precisão.

Contar ou não contar?

Uma questão fundamental nesse tema é a traição. Deve ser revelada? Mesmo depois de terminada a relação se deve dizer ao outro algo que vai lhe magoar profundamente? A pergunta aqui é: por quê?

Diz a sabedoria popular que a mulher perdoa uma traição, mas o homem, não. A mulher pode já estar acostumada com a ideia de que homens podem pular a cerca. Ouvem o tempo todo que a natureza os programou para espalhar sementes e a elas, para cuidar do ninho. Eu tenho certeza de que isso é papo furado, mas é o que o povo diz.

Culturalmente, o que acontece é que a capacidade de variar parceiras é vista como uma habilidade para o homem e um defeito para a mulher que, de acordo com essa tese, deveria ser mais seletiva. Bem, as mulheres são mesmo mais seletivas, o que me faz crer que há algo aí para ser observado. Porém, elas traem porque não estão satisfeitas com a relação atual ou porque pintou uma oportunidade, assim como acontece com os homens.

Em geral, tudo isso se faz às escondidas. Talvez um homem possa confessar uma traição para revelar sua culpa, explicar sua mudança de comportamento, dar um diagnóstico de como ele está na relação. Vai doer, mas esse drama que propõe superação pode sugerir uma possibilidade de melhora para o futuro. Sinceridade é um ponto que mulheres consideram na hora de escolher onde amarrar seu bode. Se houver sinceridade, vão curtir o bode e podem — eu disse *podem*, não *devem* — superar.

Muitas simplesmente não querem saber. Ou seja, não importa o que o parceiro faz quando está longe delas. Mulheres assim costumam dizer: o que os olhos não veem o coração não sente. Há algo de pragmático nessa escolha: pensar apenas no que está acontecendo entre os dois e não fora daquele universo.

A traição não é a pior coisa que pode acontecer a um casal. Algumas traições, e homens são especialistas nestas, não significam absolutamente nada. É como assistir a um jogo que não é do seu time de coração na TV, ou jogar uma pelada, ou bater papo com uma turma de amigos: entretenimento descartável. Resta saber por que colocariam seus relacionamentos mais importantes em risco por causa de bobagens. Eles que respondam.

Talvez pelo fato das mulheres tenderem a perdoar e superar, não exista o feminino para "corno". Vai o gaiato e diz: "Feminino de corno é esposa." Não é. Existem muito mais homens levando sua própria intimidade a sério do que se julga a partir do senso comum. Mas o homem dizer que é fiel causa certo embaraço: ou está mentindo ou é um careta, um conservador, um bobinho. Socialmente falando, o macho genérico acha que tem de estar permanentemente atento para uma nova conquista. Assim, a mulher ficaria insegura e mais ligada no lance. Ele posa de garanhão para as arquibancadas e fica por isso mesmo. Tudo pose. Será que as mulheres gostam mesmo de lojas cheias? Que ficam mais orgulhosas ao perceberem que seus escolhidos estão sob a mira alheia?

Esses mesmos homens não gostam de mulher que está com a cabeça parecendo um ventilador, examinando possibilidades, ainda que tente ser discreta. A ameaça permanente não é confortável para ele. Se quiser que um cara se afaste para sempre, confesse suas traições. E aguente as consequências.

De resto vale a regra do silêncio, da sinceridade das intenções e da discrição. Se dissermos tudo o que pensamos ou fazemos, seremos insuportáveis.

Traições reais e virtuais

O mundo monogâmico tem na infidelidade a sua principal ameaça. Nada causa mais horror do que a ideia de ser traído, ou, claro, a descoberta de que isso é um fato. O pinto cortado, o ácido na cara, a água fervendo no ouvido do bêbado que dorme no sofá, o corpo esquartejado do cônjuge dentro da mala, as narrativas hediondas sobre casos de ciúme nos deixam ver que o assunto é sério e a loucura ronda. Há até uma discussão sobre um atenuante na lei com uma justificativa compreensiva em relação ao ciúme: a perda momentânea da razão. E, no entanto, a traição é praticada de manhã, de tarde, de noite e de madrugada, nos quatro cantos do mundo, como se não houvesse amanhã.

Trai-se muito, virtualmente ou fisicamente.

Nessa questão, uma coisa é fundamental: quem chegou primeiro é o dono do assento. Não, não estou brincando. O cara que está dormindo com a mulher casada, por mais que seja apaixonado por ela ou, pelo menos a deseje intensamente, não fica tão ofendido por ela dormir com o marido — ou não tanto quanto ficaria o marido, se soubesse da pulada de cerca.

A que faz o papel da outra, idem! Ela compreende que o seu xodó durma com a esposa quase todas as noites e sabe que isso incluirá desejo, ainda que já meio de pernas bambas. O problema é se o camarada arrumar uma terceira. Se paquerar outra e ela descobrir, a briga será fatal. Aturar ele com a mulher, tudo bem, mas com outra já é demais. Faz sentido.

A exclusividade, como se vê, não é a chave. A falta de lealdade, sim. Em alguns casos, a falta de respeito. O que tem de marmanjo com duas famílias por aí não é brincadeira! Mas vamos voltar à falta de lealdade.

Hoje tem muita gente aproveitando o mundo virtual para construir sua vidinha paralela. Qual a vantagem? Talvez seja a de dar vazão àquilo que é reprimido na relação que se escolheu viver. Há um preço quando se escolhe uma coisa: não escolher outra. Ponto. Ou você mora aqui ou ali, ou é casado ou solteiro, ou é isso ou aquilo.

A verdade precisa ser dita: os romances virtuais são uma cômoda solução para momentos em que a vida está monótona e carente de paixão. Você começa a se corresponder com alguém e, sem que sua agenda se modifique, sem que seja preciso criar uma vida dupla real, sem que os corpos se encostem ou sequer se encontrem, há um encantamento em curso. Quem não gosta da adrenalina do começo? Quem não quer provar os frutos saborosos que a autoestima há de colher com o fascínio alheio? Aparentemente nada do mundo real está em jogo... mas isso é um engano. A paixão virtual não vira um desastre quando alguém descobre, mas ela pode ser um problema por outras razões.

Apaixonar-se platonicamente pelo que alguém escreve há de cravar mais dúvidas no fundo do peito sobre a vida que se leva com o parceiro do que quando o interesse é meramente físico. Achar alguém atraente e desejar essa pessoa é comum e relativamente fácil de lidar. Você pode decidir que aquilo pertence ao mundo da fantasia, como tantas outras coisas, e até vivê-la silenciosamente na imaginação.

Já o envolvimento por escrito é mais do que uma coisa "de pele". Amarra coração e mente. Para os solteiros acho até mais interessante do que ir arrumadinho para a noite a fim de pegar alguém. Se você está no meio de uma relação, a sensação de que tem mais intimidade com o amante virtual do que com o real vai fazer da sua vida amorosa um caos. Manter alguém é mais difícil do que conquistar.

Relacionamentos abertos

Na minha opinião, ninguém trai ninguém. Ou melhor, as pessoas traem é a si próprias ao serem desleais com as outras. O relacionamento aberto existe, mas poucos aderem a tal. Você quer ficar com mais gente? Não sente vontade de ser exclusivo? Assuma! Diga em voz alta e seja quem você quer ser, enquanto quiser ser! O outro vai ficar à vontade para dizer se topa ou não e, mais, vai ficar livre. Existem os *ménages*, tão comuns na vida dos casais que compreendem o desejo por outras pessoas como uma tentativa de se aproximar e não de se separar. Existe o mundo *swinger*, em que um compartilha o desejo e fantasia do outro e tira prazer dele, sem mentiras ou esquemas paralelos. Nada disso é fácil ou simples e muito menos indolor. Pode ser um tanto promíscuo, se você achar que múltiplos parceiros ou a presença de outro elemento na cama assim se traduz.

Há que se observar, porém, que a vida paralela, o motel de manhã depois de deixar o filho na escola, o caso da hora do almoço, a escapada com a garota de programa na viagem, o encontro na alcova com o personal trainer em vez do treinamento, ou com o cara da banda depois do show, o almoço com a secretária, podem trazer um elemento excitante de perigo e a sensação poderosa da transgressão em nome do prazer.

Porém, a real é que estão jogando areia na própria farofa. Estão dizendo uma coisa e fazendo outra. Estão mentindo e se apequenando diante das próprias escolhas e colocando em risco o próprio projeto de vida e o de outros envolvidos direta e indiretamente. Estou julgando?

Sim, há que se pensar nos que são leais e recebem a humilhação como troco. Devemos ter isso em mente: jogar limpo é a única forma de não ser pego em uma posição humilhante e de calças arriadas. Mude as regras do jogo, mas jogue limpo. Digo isso e sei que serei julgado. A maioria trai. Mas, afinal, por quê?

Homens traem, segundo alguns relatos dos próprios, porque têm oportunidade. O cara nem estava pensando nisso, mas aí apareceu uma oferta e ele não viu por que recusar. Não é alguém com quem ele gostaria de namorar ou ter algo mais sério — não a princípio. Só que pintou a chance e a curiosidade falou mais alto. A curiosidade sobre o sexo com outra mulher pode ser um grande atrativo.

Há quem apele para teorias darwinianas para justificar a traição masculina, dizendo que ela se deve a questões orgânicas. Papo furado. Essa conversa de primitivo tem mais a ver com a vontade de matar alguém que pegou sua vaga no estacionamento do shopping. Fica bonito quando citado em estudos, mas, no mundo real, a coisa é diferente: você sabe o que é certo e o que é errado; e escolhe o que fazer. Não estou, de novo, dizendo que é errado ter vários parceiros. Estou dizendo que é uma deslealdade dizer uma coisa e fazer outra. Se quer comer quem aparece na frente, melhor não jurar exclusividade.

Existem aqueles que têm um impulso sexual muito mais forte do que a média. Um cara desse tipo não ficará feliz ao lado de uma mulher que não tem o mesmo interesse que ele, ou na mesma frequência — e vice-versa. A raiva por não ver o desejo contemplado pode deixar alguns homens muito vingativos. E eles usarão o próprio sexo para se vingar. É sórdido, mas têm lá seus motivos. Melhor se adiantar e perguntar, de vez em quando: "Você está satisfeito?" E aceitar a resposta que vier.

Outra coisa que faz os homens traírem é a insegurança. Treinam tanto para serem bons caçadores que ficam um pouco apavorados com a possibilidade de terem que voltar à selva e não terem mais a velha aptidão. Se é que algum dia a tiveram. Ficam seduzindo aqui e ali, sempre que olham algo que lhes chama a atenção, para ver o resultado. Não querem nada, de fato, mas lançam as cantadas como que por hábito e, quando veem, estão eles mesmos seduzidos pelas próprias mentiras. Cantam a bonitinha da recepção só para ver o que acontece. Então, acontece e eles não podem mais recuar.

Tem ainda um tipo de homem que parece compulsivo. Ele está com o radar ligado o tempo todo. Observando as presas e analisando os possíveis fetiches e imaginando como cada mulher seria na cama. Cada uma das que passa na rua, incluindo adolescentes e senhorinhas. Ele é um ser sexual ou gosta de imaginar que é. O mundo gira em torno de um eixo e este é o seu pau. Ele não sabe nada sobre dar prazer e, por isso, as mulheres que gostam de sexo tendem a não gostar dele. As que não gostam muito podem ficar ao seu lado, porém, serão chifradas o tempo todo. Ele tem metas a cumprir, territórios a cobrir e não tem tempo a perder. Sempre parece muito ocupado, empenhado em observar, quando chega a algum lugar, quais são as mais bonitas e quais seriam viáveis, buscando tentar fazer sua contagem subir.

Esse é o impotente de afeto. Ele busca a completude que o afeto daria no corpo de todas as mulheres. A vantagem é que suas relações costumam não durar. O ruim é que ele vai deixar mulheres traumatizadas ao longo da vida e elas poderão demorar um tempo para se recuperar e viver um lance bacana com um cara legal.

Homens traem porque são bobos. Ou porque não amam de verdade. Ou porque não têm coragem de dizer que querem galinhar ou viver relacionamentos abertos. Ou, ainda, não dizem isso porque acham que uma mulher bacana não daria para eles se fizessem tal declaração. E há também os que acham que a vida sem o proibido não tem graça.

A verdade é que a monogamia parece ser um sapato apertado para muitas pessoas. Ou, pelo menos, um que vai ficando apertado com o tempo.

Capítulo 29

Quando o pestinha entra em cena

Quando eu chego e ele me vê, sai correndo, às gargalhadas, e pula no meu pescoço. Eu o abraço inteiro, mas não muito forte para não sufocar. Ele tem um cantinho, no meu colo, que é o favorito desde que nasceu. Encosta o rosto no meu ombro esquerdo, empina a bundinha para trás e se encaixa com os bracinhos ao redor do meu pescoço. Chamo isso de "sapinho do papai". Depois de alguns segundos quietinho, ele se levanta e fica olhando para mim em silêncio. Seus olhos e sua boca sorriem e a gente não precisa dizer nada. Fica se olhando e começa a rir de novo. Sem sabermos bem do quê. Esses são os melhores momentos da minha vida.

São muitas as conversas silenciosas que temos. Não imaginava que isso fosse comum entre pai e filho. Eu pensava que a comunicação se daria melhor depois que ele já falasse e que os recém-nascidos se comunicavam bem só com a mãe. Pois minhas teorias caíram por terra no momento em que ele nasceu. A partir do momento em que foi tirado da barriga da mãe (eu gravava com uma pequena câmera fotográfica), ele demorou um segundo e meio para começar a chorar. Embora minha mão não tenha tremido, o chão para mim se abriu naquele instante mínimo e duradouro. Ele começou a chorar, *ufa*, e foi levado. Fiquei alguns segundos confortando a mãe e, em seguida, fui até ele, que chorava sem parar. Cheguei perto, estavam passando tinta no pezinho, e disse a ele para ficar tranquilo porque eu estava lá. Ofereci meu dedo para ele segurar, enquanto falava: "Papai está aqui." Imediatamente ele parou de chorar. E segurou meu dedo até que pudesse vir para o meu colo. Pronto. Tínhamos nos conectado. Eu tinha falado e cantado muito para ele, ainda na barriga da mãe. Ele conhecia a minha voz.

Nas sonecas da tarde, nos finais de semana, ou quando está doente, ele dorme na cama comigo. Nos embolamos e nunca nos machucamos. Na primeira vez em que dormimos abraçadinhos ele tinha menos de três meses. Se ele aparece na cama sem que eu seja avisado, mesmo dormindo abro espaço. E olha que ele se esparrama sobre mim, deita com o rosto sobre o meu, procura os encaixes mais prováveis. Costumo dizer que o meu corpo é o playground dele. É fato: não precisamos de nenhum brinquedo para ter horas de diversão.

As primeiras papinhas dele eu que cozinhei. Dos passeios que temos a dois, ir ao mercado é um deles. Ver as frutas e os legumes, tocar, provar e conhecer aquele mundo de cores e cheiros. Peço sempre a ajuda dele para escolher os melhores. O primeiro filme no cinema assistimos juntos, só nós dois, e ele ficou até o final, e sem dormir, na semana em que fez um ano e três meses. Durante o primeiro ano ele gostava muito de ouvir um disco meu na hora de dormir. Como é que com três meses ele conseguiu ficar atento durante vários minutos ouvindo as músicas novas que eu tinha acabado de gravar?

Meu bebê vai fazer três anos. Com ele descobri que tenho, enfim, uma vocação: nasci para ser pai e gosto muito disso. Muito. Deixo que ele dirija as brincadeiras e não brigo com ele à toa, mas quando acontece ele fica triste. Ele não gosta de me chatear. As outras coisas que faço na vida, as que fiz, são apenas as coisas que todos temos que fazer para ganhar a vida. Ele é a minha história seguindo seu curso, saindo de mim. É o amor que pretendo deixar que se espalhe pelo mundo em seu sorriso encantador.

Ser pai é, na maior parte do tempo, muito duro. São escolhas que fazemos, o tempo todo, para as quais nunca temos tempo de nos preparar. São perguntas difíceis que não sabíamos que iriam cair na prova. Surpresas e emoções o tempo todo. Ser pai é, sobretudo, ser exemplo. Mesmo quando não atinamos para o fato.

Em nossos momentos a dois temos conversas maravilhosas. Quando passeamos no Jardim Botânico aponto os passarinhos e ele mal os vê, porém, sabe que eles são os responsáveis por alegrar o dia com seu canto. Passamos por todas as árvores e ele já sabe que cada uma tem um nome e que elas são muito bonitas e podem crescer muito. Ao final de um desses passeios, ele pode dizer "Papai, estou cansado. Conta uma história?", ou pode simplesmente fechar os olhos e dormir, seguro por saber que estou zelando por ele. Seguro do meu amor. Feliz porque podemos não ter todo o tempo do mundo, mas aproveitamos muito bem nossos momentos.

Realmente não dá para traduzir em palavras o quão especiais são nossos momentos corriqueiros. Ou, talvez, eu precisasse de muitas páginas como essa.

Eles crescem

Depois de quase quatro anos, releio o que escrevi e encontro a mesma verdade interior se estendendo, crescendo. Neste momento, estou escutando ele dedilhar o violão que me pediu de Dia das Crianças no ano passado. Pediu para que eu o ensinasse e agora, que já está na escola, está tomando aula com professores mais hábeis.

Agora ele não é mais um bebê grande; é um menininho. Banguela, com a sinceridade que só os sorrisos banguelas conseguem ter. E eu continuo sendo o campeão mundial de risadas do meu filho, embora ele goste muito de rir de um monte de coisas.

Agora há pouco estávamos brincando de "o cavalo vai crescer", uma brincadeira que inventamos quando ele tinha um ano e meio e que continua produzindo as mesmas gargalhadas até hoje. É simples: estamos na cama e ele sobe nas minhas costas e eu começo a me levantar para ficar de cavalinho, imitando os ruídos do bicho. Então, dou uma cavalgadazinha até que ele caia. Eu sei, é uma brincadeira boba, mas nos faz rir há cinco anos. Será que é mesmo boba? Será que as coisas bobas não são fundamentais na infância?

Aproveito cada segundo da infância dele, quando os compromissos me permitem. Sei que daqui a pouco ele vai preferir a companhia do mundo. Porém, terei dado a ele a estrutura para viver suas próprias aventuras. Exemplos, afeto, tempo e a certeza de que estar com ele é sempre mais um prazer e diversão do que obrigação ou dever.

Devo adverti-los para uma verdade inapelável: se você não sente necessidade de ter um filho, não tenha. Se você tem dúvidas se poderá se doar de modo incondicional, está arrumando um problema para si mesmo, para a pessoa com quem vai ter a criança, para a própria criança, para o mundo. Se você não acha que pode colocar a felicidade de alguém como prioridade antes da sua, não seja pai ou mãe. Para quê? Não é mesmo?

Não acho que paternidade ou maternidade seja para todos. É preciso vocação. Por outro lado, tem gente que só descobre isso quando já é tarde demais e tem uma pessoinha se esgoelando no quarto ao lado. Há também que se pensar que tem gente legal no mundo vindo de pais muito incompetentes. No entanto é melhor caprichar, já que a criança não pediu para nascer. Enfim, existe quem tenha jeito para a coisa e quem não tenha.

O homem grávido

Quando o pequeno pestinha entra em sua vida — e aqui me refiro ao cara que está começando um projeto familiar — muita coisa muda. A primeira gravidez já é um enigma. Um banho de hormônios em redemoinho na mente de sua mulher pode fazer com que ela fique bem diferente. Pode cortar completamente o tesão ou fazer com que ela fique até mais animada, mas um tanto "à flor da pele". Chorona? Reclamona? Comilona? Deixe-a entrar na onda que a confortar. Pode ser uma viagem interessantíssima. Eu, por exemplo, acho que a gravidez embeleza a mulher, a torna muito mais sensual. Há algo que a deixa em contato permanente com seu lado animal, visceral, e isso me parece excitante.

Mas pode ser frustrante se ela não tiver mais interesse sexual no período. Amigas dizem que, do nada, o cheiro do homem passa a ser motivo de náusea. A culpa, o bode, as dúvidas sobre os destinos da relação, sobre sua capacidade de lidar com uma vida que dependerá dela e quase que só dela por um bom tempo, tudo isso pode e deve ser compartilhado.

Homens viajam para a lua e ganham Copas do Mundo. Podem muito bem lidar com esses problemas quando eles aparecem. Devem, porém, se preparar para a paternidade. Devem engravidar junto com a mãe. Não é a mulher quem vai ter filho, é o casal. O cara deve aproveitar esses nove meses para fazer com que cresça dentro de si o pai. Livros existem, e amigos experientes, terapeutas, conselheiros, pediatras... muita gente disposta a preparar um homem interessado.

Mulheres podem achar que devem afastar os homens das minúcias de sua gravidez e, posteriormente, das questões do bebê. Afinal, são elas que, na infância, brincam com bonecas, e não eles. Os homens não devem aceitar isso. A gravidez não começa no dia em que o óvulo é fecundado. Começa quando o casal planeja ou deseja "esperar um filho" e isso pode ter se iniciado alguns anos antes.

Deixar a mulher afastá-lo do bebê é presumir que elas têm uma habilidade genética específica que as faz saber lidar com crianças e que somos impotentes organicamente para a tarefa. Balela. Pode acontecer, e é o mais provável, que ela dê uma surtada ao ver aquela coisinha frágil no colo masculino pela primeira vez.

Ter um homem bem-preparado para lidar com os aspectos práticos como trocar fraldas, dar banho e controlar a rotina do bebê pode ser de ajuda fundamental para a mãe e para o pequeno. A mulher pode achar que isso tem que ser feito pela mãe dela ou uma irmã ou, ainda, uma babá ou enfermeira. "Instinto maternal" é o nome do preconceito a que estou me referindo.

Mas há um momento em que a presença do pai é fundamental. Afetivamente e no sentido prático. A mulher sofre nos primeiros dias e pode estar se afogando em um tsunami de hormônios esperando para que alguém lhe dê apoio. O filho também precisa do pai desde o momento em que nasce. Amor é bem-vindo, um corpo descansado e uma mente menos atordoada, idem.

Pais não devem começar a lidar com os filhos só depois que eles deixam de ser bebês. Eu mesmo acreditava nisso, só que não é verdade. Como narrei, a minha conexão se fez num primeiro momento e foi real e definitiva.

É preciso prevenir: a vida sexual do casal pode ser muito afetada pela chegada de um bebê. Os primeiros meses podem ser um inferno, principalmente se a mãe não dormir bem à noite. Tendo que dar de mamar de três em três horas, é melhor o pai buscar o bebê no berço e colocar no peito da mãe. Menos adrenalina no sangue dela, melhor a qualidade do leite e mais saúde para o pequeno. É um ciclo que depende de todos. O sexo pode ficar em segundo plano e até a relação entre homem e mulher, pois podem estar os dois movidos por uma nova paixão.

Devo dizer aqui que homens também podem ficar travados e perder o tesão em mulheres grávidas, ou achar que não devem fazer peripécias para não afetar o bebê. As dificuldades na área sexual ou afetiva podem aparecer dos dois lados. Ele se sentindo preterido pelo novo amor que está nos braços dela. Ela se sentindo insegura por não ter mais aquela silhueta dos tempos de solteira. Tudo é passageiro. Basta olhar com o devido distanciamento e ver a mudança como o maravilhoso momento em que aquele amor frutificou.

Conversas sobre esses temas são fundamentais. Lembra que falamos que isso podia acontecer? Pois é, está acontecendo. Assim soa melhor do que "se eu soubesse que seria assim, teria pensado duas vezes!". A gente diz e faz coisas horríveis quando a vida toma contornos mais sérios. A chegada do primeiro filho talvez seja o mais crucial de todos os ritos de passagem.

O momento é outro. Se você atravessar a rua sem cuidado, não é a sua integridade que está em risco, é a de sua família. Há um peso diferente em todas as mais simples decisões. Aceitar ou não uma viagem a trabalho? Pedir ou não um período ao chefe, que a lei deveria dar, para ficar em casa com o recém-nascido e a nova mamãe? Cobrar ou não o seu lugar no corpo e no coração da nova mãe, quando ela parece te negligenciar?

Há enormes emoções, maravilhosas mesmo, que um dia farão parte da vida de um homem. Elas vão ocupar o lugar de algumas outras que vão ficar em segundo plano. A gente cresce, os brinquedos mudam. E tudo passa. Para quem é pai, passa rápido demais.

Gostaria de poder dar um *pause* na vida do meu filho. Por mim, ele passaria uns dez anos com seis, mais uns 15 anos com sete e faria aniversário de tanto em tanto sem pressa nenhuma. Como é bom poder rever minha infância enquanto pego a mãozinha gordinha dele com a minha durante esse passeio pela vida! Como é bom ter a companhia dele e saber que meu legado está ali: tudo o que sei, tudo o que quero de bom, todo o meu amor, tudo está ali embalado naquela criança que vai, aos poucos, se distanciando de mim e do ninho e ganhando o mundo.

Daqui a pouco terei um adolescente em casa. Sei que vai ser difícil, mas entendo que jamais será tão difícil para ele quanto foi para mim. Sei a diferença do pai que sou para o pai que tive. Não é essa a nossa mais singela ambição, entregar para os filhos mais do que nossos pais entregaram para nós? Sem julgamentos, sem lamentações. A nossa contribuição ao mundo, à vida, é nossa maior obra. E ela tem pernas próprias.

A minha obra inacabada adora sair de onde quer que esteja, correndo, para vir soltar um pum na minha cara.

Ser pai é, sobretudo, isso.

Capítulo 30
Qual é a graça de ser o chato da relação?

Uma amiga estava na cabine de uma loja, em um shopping, provando roupas, e ouviu na cabine ao lado: "Não adianta ficar com essa cara só porque não está vendo o jogo! Pode esperar!" A tal mulher, segundo minha amiga, parecia tão grosseira quanto autoritária. A cena a marcou tanto que ela trouxe o tema para debate.

A tal mulher poderia ter se divertido mais com suas compras se o cara estivesse em um bar ou, que seja, diante de uma loja de eletrodomésticos do próprio shopping vendo seu time jogar enquanto ela experimentava suas roupinhas em paz. Isso se considerarmos que os dois tinham que estar no mesmo lugar à mesma hora. Melhor seria se ela fosse às compras sem exigir a presença dele no dia e na hora em que seu time joga. A cena chocou minha amiga, pois, alheia ao fato de que o parceiro não queria estar ali, a mulher ainda exigia que ele fingisse contentamento. Ou, ao menos, indiferença.

Quantas pessoas não são assim? Ficam criando pequenas disputas para vencê-las e as vencem porque são mais chatas e mais dispostas ao atrito do que o parceiro. Com isso pensam estabelecer o domínio da relação. Parecem dizer: "Se o outro não faz tudo o que quero, encho o saco dele, ele fica infeliz e acaba fazendo." Mesmo quando não há nada importante em jogo, ainda deve dar para se divertir fazendo o outro de marionete. Resta saber se é possível ser feliz com a marionete e amá-la de verdade. A infelicidade do outro lhe trará alegria? Ou esta é apenas uma maneira sutil de destruição do vínculo e da autoestima alheia?

Gente que estica a corda ao máximo para testar o amor do parceiro corre o risco de descobrir, em dado momento, que ele não existe mais. Não porque o teste foi eficaz, mas porque, testando o amor com frequência, ele pode acabar. Por acaso essa cena que mencionei descrevia uma mulher no papel do algoz. Será mesmo por acaso?

Lembro-me de, diversas vezes, ver uma mulher dizer ao marido ou ao namorado para ir embora porque estava com sono e ele, entretido com o papo e a cerveja, na mesa do bar, só dizia: "Mais a saideira e a gente vai." E a mulher lá, com cara de tédio, fazendo a chata porque o limite dela não era o dele.

A questão aqui é compreender qual a vantagem de ser o chato, se é que há alguma. Aquela pessoa que gosta de repreender e dizer verdades indesejáveis é típica. Todo mundo precisa saber, dos seus mais íntimos, o que pode ser melhorado ou se está passando dos limites. Porém, assim como a mulher do provador, que achava que o marido "lhe devia" algo, há sempre gente com uma lista de débitos e créditos na mente e disposta tanto a "vender enciclopédias" quanto a cobrar as eternas prestações. Em geral, essas pessoas têm alguma dificuldade em demonstrar afeto agradando o outro. Acham que há uma disputa de poder e, quanto menos derem e mais tirarem, quanto menos agradarem e mais cobrarem, mais vitoriosas serão. Ou mais poderosas. Saber que alguém está infeliz por sua causa e, ainda assim, permanece sob seus domínios deve ser de alguma forma um êxtase. Afinal, tem de haver alguma explicação.

Ser um pequeno ditador deve dar alguma sensação de poder. A pessoa deve pensar que, na coleira, o outro andará na linha. Pode até andar, por temer ou saber que não há, afinal, como vencer o chato da relação.

Do mesmo jeito que ouço mulheres reclamando da insensibilidade dos homens, que simplificam muito as coisas por preguiça, também vejo homens se queixando de mulheres que gostam de complicar as coisas, fazendo tudo ficar mais pesado e chato do que realmente é.

Entre homens também há este tipo: o camarada chato e baixo astral. A diferença é que os homens, entre eles, tratam dessas coisas às claras. Se o cara é chato, será zoado até as últimas consequências. Se é cheio de frescuras, vai sofrer bullying. Se é cri-cri, vai ser infernizado pelos amigos. Se o cara for um pentelho briguento, vai tomar umas bifas até aprender. Dos amigos ou dos inimigos. Amigos nos impedem de adotar posturas antissociais nos maltratando. Tudo tem um preço. Por isso, certos caras podem ser malas com as mulheres, mas não serão com os amigos. Porque eles não tolerariam.

Se uma determinada mulher inferniza metade do planeta, no máximo as amigas vão "dar um gelo" nela. Ah, não estou defendendo a violência, mas estou advogando que quem provoca a ira alheia tem que saber quais as consequências. Aos homens são apresentados limites muito mais visíveis do que às mulheres nesse sentido. Ser um pentelho é pecado mortal para os homens. Para as mulheres, só é grave se ela não for bonita. Se a cobra tiver os olhos verdes, provavelmente será peçonhenta em relações íntimas, enquanto a mala sem alça do sexo masculino dificilmente terá uma vida afetiva sem que esteja pagando por ela.

Há mulheres que querem roubar dos homens o ímpeto e a assertividade os enchendo de inseguranças e os reprimindo sempre que podem, negando sexo e carinho, para depois reclamar que são "inseguros" ou "brochas". Há homens querendo que a mulher dependa deles, para depois lamentar que não são amados, mas explorados. Ou que exigem delas uma permanente antipatia, à guisa de se fazerem respeitar. Como se, para ser direita, a mulher precisasse ser gelada e árida. Há cobranças e dívidas irreais para todos os lados. Porém, nas contas do amor, os números nunca batem. Nem deveriam. Amor tem a ver com o que a gente quer oferecer e não com tomar territórios e fazer reféns.

Amar é um tour que passa pelo céu e pelo inferno mesmo quando a gente se esforça para não errar e se entrega de corpo e alma. A vida arranja as dificuldades, a gente não precisa se esforçar para isso. Os chatos ficarão sozinhos mais cedo ou mais tarde. Ou amargarão o pior dos castigos: a companhia eterna e enfadonha de outro chato.

Fica a dica: não serão os quilinhos a mais ou o cabelo sem escova que farão a mulher amargar anos de solidão. Será sua vontade de fazer tempestade em copo d'água. Não vai ser a falta de um carro imponente ou de um abdômen tanquinho que farão um homem queimar o filme na praça — e olha que a praça anda sendo benevolente diante dos estoques insuficientes. Será ou a chatice ou o machismo. Viva o bom humor — um cosmético baratíssimo e de uma eficácia incontestável

— e a educação! Os chatos acham que ser generoso é ser otário e que ser gentil é ser submisso. Chatice, burrice e mau humor não têm conserto. Fuja para as colinas.

O fim

Estamos chegando ao fim deste nosso papo. É, portanto, uma despedida. Aproveito a oportunidade para indagar, nesta nossa última conversa sobre intimidades, grato por ter chegado até aqui, se você sabe, se aprendeu a dizer "adeus". Parece simples, mas não é. É mais complicado do que dizer "não".

Você diz "adeus" porque um ciclo terminou, querendo você ou não, porque outra oportunidade apareceu, porque algo se exauriu. Essa palavra guarda uma esperança escondida, diriam Rita Lee e Paulo Coelho, na bela "Cartão-postal".

Uma despedida é sempre um pouco mais triste do que uma negativa. O "não" pode deixar o rejeitado furioso, a despedida nunca. Ele é uma repulsa, mas ela é muito mais definitiva, e talvez por isso mesmo seja um pouco mais grandiosa — e, vá lá, compassiva. Dizer "adeus" é dar um ponto final ao texto. É encerrar o assunto ou o caso. É importante concluir.

Digo isso e percebo que muitos homens preferem acabar seus relacionamentos sumindo. Mulheres preferem sumir para não começá-los, mas dificilmente vão terminar um romance sem olhar nos nossos olhos e dizer "eu não te quero mais". É como ir ao velório para começar o luto. É também a oportunidade de dizer umas coisinhas enquanto elas ainda importam. É, como já disse, um rito, uma data, um fato.

Entendo que para se despedir é preciso também dar uma explicação. E esse é o problema. Quanto maior a explicação, mais chances de se reacender o que precisa ser apagado. Você vai se despedir do pessoal do seu trabalho porque acha que essa etapa profissional já está encerrada para você. E só. Mas à medida que você se alonga no papo, pode deixar um monte de pistas sobre suas insatisfações, sobre relacionamentos que não foram fáceis (e que vão virar inimizades a partir desse "adeus") e até críticas à empresa (e ao trabalho de todos lá dentro, claro), o que pode ser até uma inverdade.

Quem ouve o adeus quer entender suas razões. E pode querer ler o que não está nas entrelinhas. É preciso dar uma explicação, quando ela já não existe por si só, como o fim das férias, da viagem, do romance que acaba de comum acordo. Aliás, romances acabam de comum acordo? Bom, alguém tem que puxar o adeus.

Uma explicação, como disse Paulinho da Viola em uma canção: "Ela declarou recentemente que ao meu lado não tem mais prazer", pode ser sincera, definitiva e, ao mesmo tempo, gentil. É preciso pensar que o término envolve rumos distantes de vidas que antes tinham objetivos comuns.

Dizer adeus é um aprendizado. Diz muito sobre como você vai encarar sua história. Sem deixar prisioneiros? Queimando pontes? Hesitante e com medo de fechar a porta e perder algum detalhe? Firme e decidido, porém, nunca rancoroso ou indiferente? Toda vez que dizemos "adeus" estamos também falando com o espelho.

A hora certa

Quando dar por encerrada uma obra de arte? E uma relação? Essa é a questão.

As duas coisas colocadas assim, em paralelo, podem parecer contraditórias, porém, não são. Uma história de amor, por mais simples ou banal que seja, é algo que escrevemos com nosso corpo e alma. A qualidade do artista, como se vê, não está em questão, nem mesmo a qualidade da obra. A interrogação, contudo, permanece. Quando é a hora da última pincelada, do último parágrafo, da derradeira nota soar?

É muito importante saber o que está acontecendo na obra em progresso — a vida — e em cada um de seus capítulos. A história de seus amores poderá ser pontuada por bons começos e, acredite, bons finais. Quando digo "bons" não quero dizer "indolores" ou "banais".

Começar parece ser mais fácil porque há o desejo, que nos embaralha a visão e é difícil de ser controlado. Acabar uma história parece ser mais difícil porque sabemos que há de ser a desistência de um sonho, de um projeto, de uma fantasia ou de um capricho. Há angústia ou raiva a nos motivar, e a força desses sentimentos negativos pode ser tão pungente quanto a do poderoso desejo. Tomados pela dor ou pela surpresa de não sermos mais parte da vida de alguém que nos confessa o desejo de separação, não conseguimos imaginar que talvez aquilo seja o mais positivo que nos possa acontecer no momento.

É preciso saber não desistir antes da hora e, mais ainda, ter elegância e delicadeza para não causar a si mesmo e ao outro um sofrimento desnecessário. Também evite dizer um monte de coisas que poderão marcar mais ou serem mais lembradas do que as coisas boas que foram vividas.

Pense nisso: ganhar um elogio de um ex-amor é ainda mais valioso do que o de um atual. Saber que alguém não compartilhará mais sua intimidade e seu futuro e, ainda assim, torce por sua felicidade, é fechar com carinho uma página da vida.

E as crianças?

Separar-se tendo filhos é diferente. Tem que ser.

Uma amiga me procura e diz que está pensando em se separar, mas que os filhos a fazem pensar duas vezes. Pede conselho, obviamente. Esse assunto é importantíssimo, embora um tanto pessoal demais para que eu me aventure a dar palpite. O máximo que posso fazer é tentar abordar o tema sem ter que, necessariamente, dizer o que é certo ou apropriado — ou, pior, condenar qualquer decisão que se tome.

Sou filho de pais separados e sobrevivi. Não me lembro de ter visto os dois no mesmo ambiente. Não posso dizer que seja melhor viver com pais que não se entendem e não se separam do que longe de um, de outro ou dos dois. Portanto, há a possibilidade de os filhos saírem relativamente ilesos de uma separação, como há a de ficarem relativamente a salvo em um casamento que segue só pela comodidade. Os filhos não devem, portanto, ser os "culpados" pela infelicidade dos pais que querem viver a vida com outro alguém.

Os pais, por sua vez, devem ser culpados pela separação, não do casal, e sim de pais e filhos. Vou ver se digo isso de um modo mais claro: você quer se separar? OK. O problema é que o filho, ou filhos, vão, compulsoriamente, se separar também de um dos pais. A filha não quer ir morar com o pai, longe da mãe ou vice-versa, mas é obrigada. O filho não quer ter que escolher com quem morar, numa *Escolha de Sofia* às avessas! Para isso, existe a guarda compartilhada. Essa opção exige maturidade e sangue frio. A vida cotidiana, com seus pequenos acertos e combinações, se fará necessária quando o impulso sentimental for o do afastamento.

Poucas coisas justificam, a meu ver, morar junto, tanto quanto a criação e proximidade com os filhos. Para casais sem filhos, a ideia de morar separado acaba sendo sempre mais leve e tranquila. Com filho é diferente: ele quer os dois ali e por igual, se tiver boas relações com eles. Se o motivo da separação é a negligência com os filhos, o papo muda. Ser um bom marido ou esposa nem sempre significa ser bom pai ou mãe, e vice-versa. Ou seja: desfazer o projeto familiar é complicado porque envolve muitas questões além do ter ou não ter prazer na vida a dois.

Estou aqui considerando que a separação foi feita por pensar que a felicidade pode estar em outra casa, com outra pessoa e não por conta daquela barra pesada, que, às vezes, acontece. Aí, os fatos falam por si só e a justiça está aí para auxiliar.

Li em uma entrevista do ator Will Smith que ele e a mulher, juntos há décadas, combinaram de nunca usar o termo "separação". Entenderam que escolheram um ao outro para viver e ter uma família e que vão lidar com todas as dificuldades que aparecerem sem usar, jamais, esse recurso. Will dizia que às vezes era difícil para ele lidar consigo mesmo, que entrava em crises pessoais, que ficava insatisfeito, mas que não cogitava "separar-se" de si mesmo. Desistir de si tem outro nome, pelo que entendo. E não cogitar isso o fazia crer que, uma vez que havia amor, ele e a mulher tinham que resolver seja lá o que aparecesse.

Entendi o conceito dele. A ideia de que alguém por aí pode ser melhor para você volta sempre. É a história da grama do vizinho ser mais verde. Casados acham que a vida de solteiro é mais divertida; solteiros acham que a vida de casado é mais tranquila; e todo mundo gostaria de ser mais alto, mais magro e mais rico. A realidade é que viver com outras pessoas é difícil e exige esforço e dedicação. Viver bem exige muito mais.

A vida em família não é um parque de diversões, embora tenha lá suas montanhas-russas. É difícil. Mas quem disse que seria fácil? Quem pode afirmar que vai mesmo melhorar quando você decidir partir para outra? É para pensar muito antes de tomar qualquer decisão. E é bom saber que, tudo, ou quase tudo, tem remédio.

Todos, porém, já ouviram uma história do tipo: pais usando filhos para se agredirem em brigas infindas. Isso é coisa de gente que perde o senso, o juízo e só pensa em ganhar uma guerra que não terá vitória jamais, para nenhum dos lados. Perguntar a um filho se ele quer ficar com o pai ou a mãe é o mesmo que perguntar se quer que lhe corte o braço direito ou o esquerdo. O que você responderia?

Mas, afinal, por que tantos casais se separam?

Porque podem. Em outros tempos, a separação era um horror, uma condenação financeira e moral para quem dela lançasse mão. A mulher desquitada — e sou filho e neto de mulheres desquitadas — eram estigmatizadas. Os homens podiam perder quase que totalmente o contato e, claro, a intimidade com os filhos, além do patrimônio, quando "deixavam" a casa. Hoje a casa é dos dois, o dinheiro é dos dois e há, no Brasil, mais lares de pais separados do que de casados. Há, também, muitos lares onde a mulher é o provedor. Este é um novo tempo e os casamentos não duram mais do que deveriam durar.

Resta saber se duram menos do que poderiam! Claro que arrastar um vínculo de fachada é perda de tempo e energia. Mesmo que manter a instituição em nome dos filhos seja a justificativa desse nobre intuito. A infelicidade de um casal não é exemplo nem seu lar é ambiente ideal para a educação de ninguém. Se há mesmo a tal incompatibilidade de gênios, tudo bem! Que todos possam buscar a felicidade onde e com quem ela estiver. Mas ainda assim acho que tudo tem andado muito descartável nessa área. Tem gente pulando fora quando encontra os primeiros problemas. Como se a vida a dois fosse uma casa alugada: vizinhos chatos, obra à frente, necessidade de reformas — hora de mudar. Não é assim.

Namoro é aluguel (perdoe o indesejável duplo sentido); casamento é casa própria.

Final feliz

Fui para o café do hospital para esperar o resultado de um exame e, chegando lá, deparo-me com um grande homem. Um daqueles que todos gostam e respeitam. Tem oitenta anos de vida vitoriosa e admirável. Ele tem um semblante marcado pela dor. Pergunto como vai e ele me responde: "Minha mulher vai muito mal. Muito mal mesmo!", com sua bela voz trêmula de emoção.

A filha, ao lado, mais tranquila, contou-me pelo que eles estavam passando. A mãe, mulher do grande homem, estava há quarenta anos sofrendo com uma doença crônica e, com 77, os danos causados pelos medicamentos que ela teve que tomar todo esse tempo estavam cada vez mais difíceis de lidar. Cinco dias antes daquele nosso encontro, ela tinha se sentido mal e foi levada ao hospital, fazendo piadas no caminho, dizendo que precisava tirar uns dias no spa. Lá chegando, perdeu a consciência. E até aquele momento não a havia recobrado.

A filha contava a história e ele chorava mansamente. "Ela é uma guerreira", dizia o marido com a voz embargada e os olhos embaçados. Eu consegui vislumbrar sua dor: em parte queria que ela não sofresse, que ficasse boa para ser a mulher bem-humorada e amorosa de sua vida inteira. Por outro lado, sabia que, se ela ficasse livre do sofrimento, provavelmente seria por tê-los deixado. Pior: ele temia por sua ausência. Até quando duraria sua inconsciência? E se...? Sem se despedir? Tudo isso eu imaginava ao ver seus olhos vermelhos de tanto chorar.

A filha parecia mais preocupada com o pai. Sabia que tinha que cuidar dos dois. Mulher bem-criada, fruto de um lar feliz e amoroso.

Fiquei pensando na dor daquele homem e em como o amor permanece intacto, sem nenhuma ruga, sem cabelo branco, forte e vigoroso. Só porque a gente quer ou porque tem sorte. A voz do grande homem, falando da mulher amada, lembrava a de um adolescente diante da possibilidade de perder o grande amor.

Avaliei que o amor pode permanecer mesmo quando os amantes se vão. Os dois. Naquilo que o amor frutificou, iluminou, coloriu.

E tanta gente, até eu mesmo, perdendo tempo com problemas pequenos.

A mulher não recobrou mais a consciência e se foi sem se despedir. A vida é assim, incontrolável e imprevisível. O fim se apresentou desse jeito. Um lento *fade out*, as imagens e sons ficando cada vez mais longínquos e indecifráveis. Até que reinou o silêncio e o breu.

Penso na dor daquele homem e imagino que esse talvez tenha sido um final feliz. Se não é, e não há de ser feliz, que seja pelo menos um final com gosto de missão cumprida. Uma conclusão digna de sua trajetória.

Afinal, o que há para se fazer da vida senão escrever com nossos dias uma boa história para alguém contar? Que seja uma história de amor e aventura. Que alguém se orgulhe ou se emocione. Que fique algum exemplo. E, sobretudo, que façamos falta. Enquanto houver gente para sentir a nossa falta.

Agradecimentos

Com afeto, às mulheres que me cercam e fazem com que tudo fique mais interessante. Em especial à Cris, que deu a ideia do livro e esteve ao meu lado em todo o processo, e à Dani, que dá sentido e grandeza à minha vida.

PUBLISHER
Kaíke Nanne

EDITORA EXECUTIVA
Carolina Chagas

EDIÇÃO
Cristiane Costa
Giuliana Alonso

PRODUÇÃO
Thalita Ramalho

PRODUÇÃO EDITORIAL
Mônica Surrage

PREPARAÇÃO DE ORIGINAIS
Anna Beatriz Seilhe

REVISÃO
Allex Machado
Thiago Braz

DIAGRAMAÇÃO
DTPhoenix Editorial

CAPA
Luiz Basile – Casa Desenho Design

Este livro foi impresso no Rio de Janeiro, em 2014, pela Edigráfica, para a Agir.
O papel do miolo é avena 70g/m² e o da capa é cartão 250g/m².